BOZEN
SALTEN · SCHLERN
RITTEN · SARNTAL · EGGENTAL

© KOMPASS-Karten GmbH · 6063 Rum/Innsbruck, Österreich

Auflage 6-04 • ISBN 3-85491-406-7 • Verlagsnummer 953

Wegbeschreibungen: Barbara Klotzner, Schenna
Redaktion: KOMPASS-Karten GmbH, Rum/Innsbruck

Bildnachweis:
Titelbild: Lengstein am Ritten mit dem Schlern (Dr. Gerd Wagner)
Innentitel: Erdpyramiden am Ritten (Günther Haas)

Heuwieser S. 51; Kasseroler S. 55; Klotzner S. 59, S. 78, S. 81, S. 85, S. 91, S. 93; Mallaun S. 47, S. 57; Oberarzbacher S. 6, S. 87, S. 120; Dr. Teutsch S. 11, S. 12, S. 37, S. 41, S. 45, S. 67, S. 69, S. 88/89, S. 99, S. 103, S. 113, S. 115, S. 119; Dr. Unterholzner S. 122; Dr. Wagner S. 15, S. 19, S. 31, S. 39, S. 43, S. 83.

Da die Angaben eines Wanderführers in der heute so schnellebigen Zeit fast ständig Veränderungen unterworfen sind, kann für die Richtigkeit keine absolute Gewähr übernommen werden. Auch lehrt die Erfahrung, daß Irrtümer nie ganz zu vermeiden sind. Für Berichtigungen und Verbesserungsvorschläge ist die Redaktion daher stets dankbar. Korrekturhinweise bitte an folgende Anschrift:
KOMPASS-Karten GmbH, Kaplanstraße 2, 6063 Rum/Innsbruck, Österreich
Fax 0043/(0)512/26 55 61-8
e-mail: kompass@kompass.at
http://www.kompass.at

Vorwort

Vielfältige Landschaftseindrücke verbunden mit einer traditionsreichen Kultur begegnen dem Wanderer, Bergfreund und Urlaubsgast, der im Herzen Südtirols erholsame Tage verbringen möchte. Ausgehend von Bozen, einer Stadt, in der nördliche und südliche Einflüsse sich zu einer harmonischen Einheit verbinden, werden Ausflüge in alle Himmelsrichtungen jedem Geschmack gerecht. Das idyllische, noch weitgehend vom Tourismus verschonte Sarntal mit dem Penser und Durnholzer Tal im Norden, umrahmt von den wenig begangenen Höhenzügen der Sarntaler Alpen zählen ebenso zu landschaftlichen Kostbarkeiten wie die Hochflächen des Salten und des Ritten mit ihrer unübertrefflichen Aussicht in die schroff aufragenden Dolomitfelsen des Latemar, Rosengarten und Schlern. Der Benutzer des vorliegenden Wanderbuches findet aber auch Touren im Bereich des Eggentals, Tierser- und Tschamintals. Weltbekannt sind die ausladenden Weideflächedn der Seiser Alm, umrahmt von Geisler, Puez, Lang- und Plattkofel, Roßzähnen und Schlern, die ihrer vielfältigen Fotomotive wegen gern besucht werden. Entlang dieser Gipfelflur zieht sich der Saum alter Orte mit an Kunstschätzen reichen Kirchen und Schlössern.

Aus der Vielzahl der Wanderungen in dieser Fremdenverkehrsregion wurden die interessantesten Routen ausgewählt und begangen. Zur raschen Orientierung am Ort dienen die Höhenprofile und Kärtchen, in denen die Wegverläufe eingetragen sind. Zahlreiche Farbbilder vermitteln den Eindruck dieser vielgestaltigen Palette einer Gebirgs- und Landschaftsszenerie, die Südtirol in aller Welt bekannt und beliebt gemacht haben.

So möchte der KOMPASS-Wanderführer Bozen – Salten – Schlern sich als nützlicher Begleiter auf Ausflügen, Bergfahrten und Hochtouren erweisen, der vor und nach der Tour an erlebnisreiche Tage im Kreise der Bergkameraden erinnert.

Schöne Tage wünscht Ihnen
Ihre KOMPASS-Redaktion

Inhaltsverzeichnis

	Seite
Beschreibung der Landschaft	7
Siedlungsgeschichte	7
Geologie	8
Flora und Fauna	12
Bozen – Salten – Schlern: ein Ziel zu jeder Jahreszeit	13
Allgemeine Tips für Wanderungen und Bergtouren	14

Bozen und Umgebung — 16
1. Wanderung: Vöran – St. Ulrich – Schlaneid - Vöran — 24
2. Rundwanderung: Schermoos – Möltner Kaser – Schermoos — 25
3. Wanderung: Mölten – Lafenn – (Verschneid) – Mölten — 26
4. Wanderung: (Mölten) – Verschneid – Tschaufenhaus – Vordernobels – Terlan — 27
5. Wanderung: Terlan Margarethenpromenade – Ruine Neuhaus — 27
6. Wanderung: Siebeneich – Ruine Greifenstein/»Sauschloß« – Glaning – Bozen — 28
7. Wanderung: Jenesien – Edelweiß – Tschaufenhaus – Locher – Jenesien — 29
8. Wanderung: Afing – Ruine Rafenstein – Bozen — 30
9. Wanderung: Oberbozen – Wangen – Sarntal — 32
10. Wanderung: Von Oberbozen über Unterinn nach Bozen — 33
11. Wanderung: Klobenstein – Siffian – Unterinn — 34
12. Wanderung: Oberbozen – Riggermoos – Bad Süß – Erdpyramiden – Klobenstein — 35
13. Wanderung: Oberinn – Roßwagen – Tann – Oberinn — 36
14. Bergwanderung: Pemmern – Rittner Horn, 2.260 m – Gißmann – Pemmern — 37
15. Bergwanderung: Barbian – Rittner Horn, 2.260 m – Barbian — 38
16. Wanderung: Barbian – Bad Dreikirchen – Briol – Barbian — 39
17. Wanderung: Bauernkohlern – Herrenkohlern – Totes Moos – Schneiderwiesen – Bauernkohlern — 40

Schlern – Langkofel – Seiser Alm — 42
18. Wanderung: St. Ulrich – Seiser Alm – Pufeis – St. Ulrich — 46
19. Rundwanderung: Monte Soura – Langkofelhütte – Confinböden – Monte Pana — 48
20. Klettersteig: Langkofelscharte – Oskar-Schuster-Steig (Klettersteig) – Plattkofel, 2.964 m – Plattkofelhütte – Sellajoch — 49
21. Rundwanderung: Rund um den Langkofel — 50
22. Wanderung: Kastelruth – Puflatsch, 2.176 m — 52
23. Wanderung: Von Kastelruth nach Völs am Schlern — 53
24. Bergtour: Saltria – Plattkofel, 2.954 m — 54
25. Rundwanderung: Saltria – Plattkofelhütte – Seiser-Alm-Haus – Saltria (Compatsch) — 55
26. Rundwanderung: Seiser Alm – Molignonhaus – Roßzähne – Seiser Alm — 56
27. Wanderung: Seiser Alm – Saltnerhütte — 57
28. Klettersteig: Roßzähne – Maximilianweg – Roterdspitze, 2.655 m — 58
29. Bergtour: Seiser Alm – Schlern, 2.564 m – Seiser Alm – Völs am Schlern — 60
30. Wanderung: Bad Ratzes – Schlernbödelhütte – Prößliner Schwaige — 61
31. Wanderung: Ums – Tschafonhütte – Schönblick – Prösels – Ums — 62
32. Bergwanderung: Tiers – Hammerwand, 2.124 m — 63
33. Bergtour: Weißlahnbad – Bärenfalle – Schlern – Tierser Alpl Hütte – Weißlahnbad — 64
34. Bergwanderung: Weißlahnbad – Bärenloch – Tierser Alpl Hütte – Molignonpaß – Grasleitenhütte – Weißlahnbad — 65

Eggental – Rosengarten	68
35. Wanderung: Deutschnofen – Schloß Kampenn – Bozen	70
36. Wanderung: Birchabruck – Gummer – Steinegg – Kardaun	70
37. Bergwanderung: Maria Weißenstein – Jochgrimm – Weißhorn, 2.317 m – Maria Weißenstein	72
38. Bergwanderung: Jochgrimm – Schwarzhorn, 2.439 m	73
39. Bergwanderung: Reiterjoch – Zanggenberg – Lavazéjoch	74
40. Bergwanderung: Obereggen – Torre di Pisa Hütte – Zischgalm	75
41. Rundwanderung: Obereggen – Mitterleger – Karer See – Obereggen	76
42. Bergtour: Latemar-Überschreitung	77
43. Gipfeltour: Karer Paß – Latemarspitze, 2.791 m	78
44. Klettersteig: Paolinahütte – Rotwand, 2.806 m – Rotwandhütte – Karer Paß	80
45. Klettersteig: Kölner Hütte – Santnerpaß – Vajolethütte – Tschager Joch	82
46. Klettertour: Santnerpaß – Rosengartenspitze, 2.981 m	84
47. Bergwanderung: Monzon – Gardeccia – Cigoladepaß – Rotwandhütte – Fassaner Höhenweg – Gardeccia – Monzon	85
48. Klettersteig: Kesselkogel Überschreitung	86
Sarntal	90
49. Wanderung: Afing – Tomanegger – Flaas – Afing	92
50. Bergtour: Sarnthein – Sarner Scharte, 2.468 m	93
51. Wanderung: Sarnthein – Putzenkreuz – Afing – Moarhäusl	95
52. Wanderung: Sarnthein – Sarner Skihütte – Auenjoch – Stoanerne Mandlen – Putzenkreuz – Sarnthein	97
53. Wanderung: Sarnthein – Sarner Skihütte – Auenjoch – Kreuzjoch – Maiser Rast – Kreuzjöchl – Sarnthein	98
54. Wanderung: Aberstückl – Kratzberger See – Missensteiner Jöchl – Aberstückl	100
55. Bergtour: Aberstückl – Missensteiner Jöchl – Verdinser Plattenspitze, 2.675 m	101
56. Gipfeltour: Aberstückl – Hirzerspitze, 2.781 m	102
57. Bergwanderung: St. Valentin – Leiterspitz, 2.375 m – (Rabenstein)	103
58. Bergtour: Reinswald – Pfnatschalm – Getrumjoch, 2.571 m – (Getrumsee) – Reinswald	105
59. Bergtour: Reinswald – Latzfonser Kreuz – Kassianspitze, 2.581 m	106
60. Bergtour: Durnholz – Durnholzer Joch – Karnspitze – Kollmannspitze – Rabenstein	107
61. Bergwanderung: Durnholz – Durnholzer Joch, 2.236 m – Pens	108
62. Gipfeltour: Durnholz – Flaggerscharthütte – Tagewaldhorn, 2.708 m	108
63. Bergtour: Durnholz – Flaggerscharthütte – Jakobsspitze, 2.741 m – Durnholz	110
64. Bergtour: Durnholz – Schalderer Scharte – Schrotthorn, 2.590 m – (Vahrn)	111
65. Höhenwanderung: Flaggerscharthütte – Fortschellscharte – Latzfonser Kreuz	112
66. Wanderung: Weißenbach – Unterbergtal	114
67. Talwanderung: Rabenstein – Weißenbach	115
68. Bergwanderung: Asten – Traminer Scharte, 2.379 m – (Tagewaldhorn, 2.708 m) – Grasstein (Eisacktal)	116
69. Bergwanderung: Penser Joch – Tatschspitze, 2.526 m – (Puntleider See – Grasstein)	116
70. Bergwanderung: Penser Joch – Sarntaler Weißhorn, 2.705 m – Weißenbach	118
Alpengasthöfe und Unterkunftshütten	121
Orte · Hütten · Berge	124
Telefon- und Faxnummern der Tourismusvereine	128
Telefonnummern der wichtigsten Alpengasthöfe und Unterkunftshütten	128

Bozen – Salten – Schlern

Bozen, die geschäftige Hauptstadt Südtirols, liegt in einem breiten, gegen Süden offenen Becken des Etschtales, das die Stadt vor Nordwinden schützt und ihr dadurch ein ungewöhnlich mildes Klima beschert. Darüber erheben sich fruchtbare, mit Weinreben besetzte Terrassen und Hänge mit malerischen Kirchlein inmitten freundlicher Dörfer. Dieses Bild bereichern viele stolze Burgen und gut erhaltene Ansitze.

Nördlich wird der Talkessel von der rund 1.000 Meter höheren, sanft gewellten Saltener und Rittner Hochfläche begrenzt. Die wald- und wiesenreichen Traditionssommerfrischen und Perlen landschaftlicher Schönheiten Südtirols werden durch das Sarntal voneinander getrennt. Dieser anfänglich schluchtartige, später aber offene und freundliche Talzug stellt mit dem Penser Joch die kürzeste Verbindung zwischen Brenner und Bozen dar. Vor allem die Urtümlichkeit dieser Gegend vermag den Besucher zu begeistern.

Östlich des unteren Eisacktales erheben sich mächtig die bizarren Dolomitgipfel und -türme des berühmten Rosengartens und Latemars. Daneben breiten sich der wuchtige, steil gegen Seis abfallende Felsrücken des Schlern und die weiten Matten der Seiser Alm, der größten Hochweide Europas, aus.

Ihnen vorgelagert sind das Tierser- und Eggental mit dem Karerpaß, sowie die Mittelgebirgsterrasse mit den viel besuchten Dörfern Kastelruth, Seis und Völs.

Siedlungsgeschichte

Seine geschichtliche Entwicklung hat das Bozener Land mit dem übrigen Südtirol gemeinsam. Erste Siedler in diesem Raum waren wohl die Ligurer, dann Gruppen der Italiker, vielleicht auch Etrusker. Ihnen folgten die Kelten. Diese verdrängten die etruskischen Räter in die Täler, bis 15. v. Chr. der römische Feldherr Drusus das Land unterwarf. Während der Völkerwanderung ließen sich die Ostgoten, Langobarden und Franken hier nieder, die wiederum von den Bajuwaren verdrängt wurden. Diese übertrugen bereits am Ende des 7. Jahrhunderts einem Gaugrafen die Sicherung der Grenze. Von entscheidender Bedeutung wurde dann die Belehnung der Bischöfe von Trient und Brixen mit den Grafschaften Trient, Vinschgau und Bozen, einschließlich des Eisack- und Inntales durch den Stauferkaiser Konrad II. im Jahre 1027. Dadurch daß Bozen am »Deutschen Kaiserweg« des Mittelalters lag und den ersten, den Süden ankündigenden Umschlagplatz für alle über den Brenner kommenden Reisenden darstellte, entwickelte sich die Siedlung bald zu einem wichtigen Handelsplatz. War Bauzanum bereits zur Römerzeit ein Treffpunkt italischer und vom Norden kommender Händler, so sicherte sich ihre Bevölkerung zu Beginn des Mittelalters alle daraus entspringenden Vorteile. Kaiser Heinrich IV. soll bereits die später berühmt gewordenen Bozener Märkte durch besondere Privilegien begründet haben. Die fortdauernden Streitigkeiten zwischen den Lehensträgern der Bischöfe, den Eppaner Grafen und den Herren von Schloß

Tirol, beeinträchtigten freilich die friedliche Entwicklung der Stadt. Noch heute erzählt ein Kranz von Burgen und Ruinen von der Bedeutung, welche die Besitzer dieser Schlösser der Herrschaft über den zu ihren Füßen liegenden Landstrich beimaßen. Die Übernahme dieser Herrschaft durch die Grafen von Tirol leitete eine friedlichere Entwicklung ein. Als Handelsplatz lief Bozen 1462 dem bislang bedeutenderen Meran den Rang als wichtigste Stadt Tirols südlich des Brenners ab. Es sicherte sich den Warenverkehr zwischen Chur, Augsburg, Salzburg, Regensburg und Passau. Ein eigener Merkantilmagistrat mit Handels- und Kaufmannsgerichtsbarkeit bestimmte seit 1635 bis zur Zeit der bayerischen Herrschaft 1805 und der nach dem Freiheitskrieg von 1809 erfolgten Vereinigung mit dem napoleonischen Vizekönigreich Italien die Geschicke der Stadt. Mit der Rückkehr zu Österreich im Jahr 1815 verlor sie aber zugunsten anderer österreichischer Handelszentren an Bedeutung. Trotzdem gab es Bozener Kaufherren, deren Schiffe unter eigener Flagge die Meere befuhren.

Mit dem Einsetzen des Fremdenverkehrs wandelte sich auch ein Teil Bozens, nämlich der Vorort Gries zu einem vielbesuchten Kurort. Der die Wohlhabenheit der Bürger widerspiegelnde Baustil Bozens begeisterte die Besucher ebenso wie die einem großen Garten gleichende Umgebung. Waltherplatz und Batzenhäusl wurden zu Begriffen, die um die Jahrhundertwende überall im deutschen Sprachraum bekannt waren. Nach dem Ersten Weltkrieg wurde Bozen mit dem übrigen Südtirol dem Königreich Italien angegliedert. Während der faschistischen Herrschaft wandelte sich das Antlitz der Stadt. Als Hauptstadt der neu geschaffenen Provinz gleichen Namens sollte sie zu einer Industriestadt mit überwiegend italienischer Bevölkerung umgewandelt werden. Die Entwicklung bis zum 2. Weltkrieg und die nach dessen Beendigung einsetzenden wirtschaftlichen Veränderungen begünstigten dieses Vorhaben. Das neue, von einer italienischen Mehrheit bewohnte Bozen hat das ehemalige Obst- und Gartenland weit über seine Peripherie hinausgedrängt. Die Stadt ist heute Hauptort der autonomen Provinz in der Region Trentino-Südtirol und Sitz der Südtiroler Landesregierung. Außer in Bozen besteht die Bevölkerung des Gebietes in der Mehrzahl aus Deutschen. In den größeren Talorten aber finden sich überall italienische Minderheiten. Die Bewohner des Grödner Tales sind weitgehend Ladiner. Sie sind Nachkommen der rätischen Ureinwohner. Ihre Sprache ähnelt jener der Schweizer Graubündner. Im Fassatal begegnet man inmitten der ladinischen Talbewohner starken italienischen Gruppen.

Geologie

Das Gebiet des vorliegenden Wanderbuches umfaßt im Norden und Nordosten die ostalpinen Einheiten der Zone der Alten Gneise. Sie wird zur Hauptsache von kristallinen Schiefern, wie sie auch im benachbarten Ötztaler Kristallin vorkommen, aufgebaut. Ehemalige Sedimente des Präkambriums (?) und Paläozoikums wurden im Zuge von Gebirgsbildungen mehrmals versenkt und aufgeheizt. Diese Umwandlung

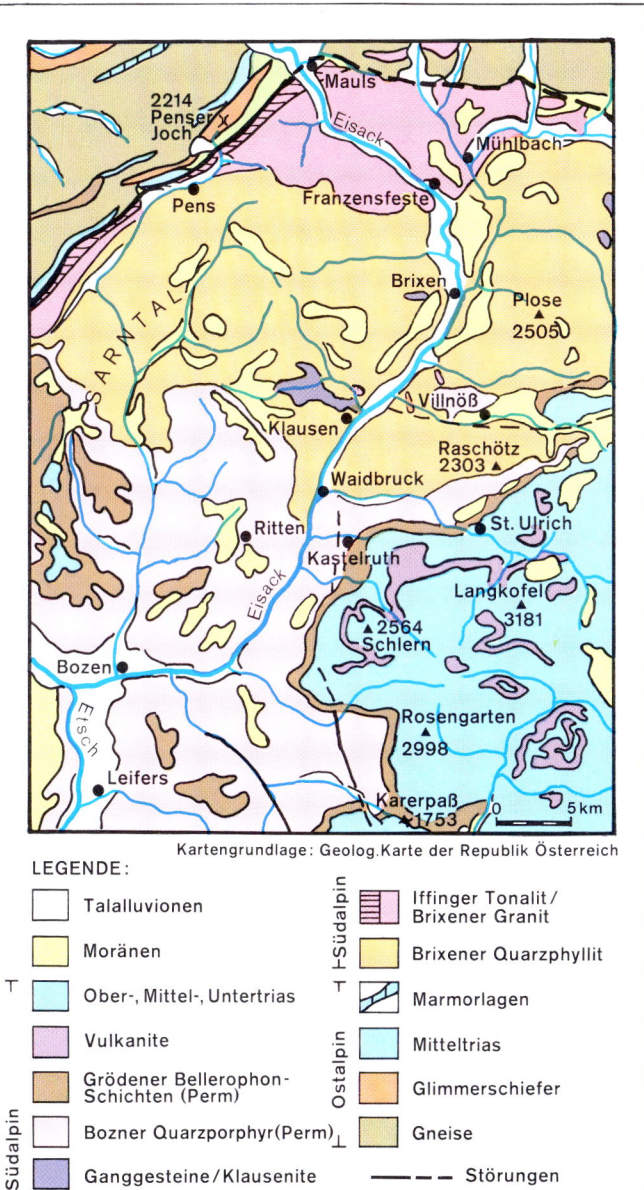

wird Metamorphose genannt. Bei sandig-tonigen Ausgangsgesteinen entstanden daraus Biotit-Plagioklasgneise und Gneisglimmerschiefer, aus kalkigem Ausgangsmaterial bildeten sich Kalksilikatfelsen und Marmor. Innerhalb der Schieferserie treten Gesteine auf, die als glutflüssige Schmelzen (Intrusionen) in die Umgebung eingedrungen sind. Sie wurden ebenfalls von der Metamorphose erfaßt und liegen heute als Biotitgranitgneise und Granodioritgneise vor.

Eine gewaltige Störung – die Periadriatische Naht – bildet die Grenze zwischen den Ost- und Südalpen. An dieser tiefgreifenden Bruchfläche sind der Brixner Granit und später der Ifinger Tonalit in den südlich angrenzenden Brixner Quarzphyllit eingedrungen. Die Kontaktzone zum umgebenden Quarzphyllit wurde dabei bis 300 m weit beeinflußt (Kontaktmetamorphose). Neben dieser großen Intrusivmasse gibt es innerhalb des Brixner Quarzphyllites zahlreiche kleinere Gänge, deren dunkle, feinkörnige Gesteine nach ihrem Hauptvorkommen in der Umgebung von Klausen als Klausenite bezeichnet werden. Die Ausgangsgesteine des Brixner Quarzphyllites wurden im Präkambrium als sandig-tonige, weitgehend kalkfreie Sedimente abgelagert. Während der variszischen Gebirgsbildung wurden sie durch Versenkung und Aufheizung in kristalline Gesteine umgewandelt. Bei Einlagerung von bituminösen Substanzen (Pflanzen- und Tierreste, meist Mikroorganismen) entstanden Graphitschiefer. In der alpidischen Gebirgsbildung wurden die Serien ein weiteres Mal durchbewegt und durch Aufheizung beeinflußt. Die neuerliche Kristallisation ist an Mineralsprossungen von Granat, Biotit etc. erkennbar. Das so entstandene, schiefrig blättrige Gestein wird Quarzphyllit genannt. In diesem Gebiet entspringen zahlreiche Heilquellen, die als sogenannte »Bauern-Badln« äußerst beliebt waren, z. B. Burgstall bei Brixen und St. Peter bei Lajen.

Südlich des Quarzphyllites erstreckt sich das Verbreitungsgebiet des für die Umgebung von Bozen so typischen Bozner Quarzporphyrs, in den sich der Eisack zwischen Brixen und Bozen schluchtartig eingeschnitten hat. Die ausgedehnte, bis 3.000 m mächtige Quarzporphyrplatte entstand im Perm vor ca. 290 Mio Jahren. Damals kam es zu gewaltigen Spaltenausbrüchen von zähflüssiger Lava, die rasch erstarrte. Im Mikroskop lassen sich in Gesteinsdünnschliffen mehrere Millimeter große, schön ausgebildete Quarz- und Feldspatkristalle erkennen, die in einer glasigen Grundmasse schwimmen. Dieses porphyrische Gefüge gibt dem Gestein seinen Namen. Abwechselnd mit den Lavadecken kam es zu Glutwolkenabsätzen (Ignimbrite, lat. = Feuerregen) und Aschenauswürfen, die sich über große Flächen verbreiteten.

Im krassen Gegensatz zu den rostroten Wänden des Quarzporphyrs leuchten die zackigen Grate der Südtiroler Dolomiten. Sie bestehen aus Meeresablagerungen der Triaszeit mit eingelagerten vulkanischen Gesteinen, die, verglichen mit dem Bozner Quarzporphyr, einen anderen Chemismus aufweisen und wesentlich jünger sind. Über dem Bozner Quarzporphyr folgt der Grödener Sandstein, der aus Abtragungsprodukten des Quarzporphyrs und des nördlich anschließenden Kristallins besteht. Er wurde zur Zeit des Perm in Küstennähe abgelagert, was Ab-

Erdpyramiden am Ritten

drücke von Tierfährten und Reste von Landpflanzen auf den Schichtflächen beweisen. Von Osten griff in der weiteren Folge das Meer allmählich auf das Festland über. Die zunehmende Wassertiefe zeigt sich in den Bellerophonschichten mit den versteinerten Bellerophonschnecken (Namensgebung). Zeitweise kam es zu Lagunenbildungen, in denen bei starken Verdunstungsraten Gips ausgefällt wurde.

An der Wende Perm – Trias herrschten rein marine Verhältnisse. Durch massenhaftes Wachstum von Korallen, Kalkalgen und Schwämmen entstanden große Karbonatplattformen. Sie bauen heute die Gipfelregionen des Schlern, Rosengarten und Langkofel auf. Durch erneut einsetzenden Vulkanismus wurde das Riffwachstum zeitweise unterbrochen. Nach Abklingen der vulkanischen Tätigkeit wurden die Raibler Schichten und der Hauptdolomit (dolomia principale) abgelagert. Die Sedimente der Jura- und Kreidezeit sind in den westlichen Südtiroler Dolomiten größtenteils der Erosion zum Opfer gefallen.

Die jüngste geologische Geschichte dieses Gebietes ist durch die Eiszeiten und die Hebung des Alpenkörpers geprägt. Die Gletscher schufen in verschiedenen Höhen Talniveaus und hinterließen ausgedehnte Moränenbereiche. Wohl am berühmtesten sind die Rittner Erdpyramiden. Große Blöcke schützen hier dachartig das darunter anstehende Moränenmaterial vor der Verwitterung. Durch das Aufsteigen des Gebirges gruben sich die Flüsse immer tiefer in das Gestein. So entstanden der schluchtartige Durchbruch der Etsch zwischen Brixen und Bozen und die tief eingeschnittenen Täler in den Südtiroler Dolomiten.

Schwefelgelbe Anemone

Flora und Fauna

Die Vegetation des Bozener Beckens mit seinen rings aufsteigenden Höhenterrassen und Talstufen ist außerordentlich vielfältig. Die Mittelmeerflora greift weit in den Bereich der Mittelgebirgslandschaft hinein. Weinberge mit erlesenen Sorten bedecken die Hänge längs des Etschtales, aber auch den Eisack aufwärts und alle Terrassen des Bozner Kessels. Die Rebenhänge des Überetsch ziehen sich hinunter bis Tramin. Von Meran über Bozen bis Salurn, den Eisack aufwärts bis Brixen, aber auch in den Seitentälern reichen die Obstkulturen bis an die Waldgrenze. Ein einziger Obstgarten scheint das Etschtalbecken bis Salurn. An den höher liegenden Hängen, vor allem aber in den Nebentälern, steigen Misch- und Nadelholzwälder auf. Besonders charakteristisch sind die herrlichen Weiden- und Almflächen, wie zum Beispiel die Seiser Alm.

Der Wildbestand weist Rehwild und Hasen, vereinzelt auch Hirsche und in den Felsregionen auch Gemsen auf. Raubwild verbirgt sich allerorts in den Waldungen rings um das Talbecken. Murmeltiere treten wieder zahlreicher auf, in erster Linie im Dolomitenbereich. Es gibt auch seltene Vogelarten, die sich hier im Durchzugsbereich zwischen Süden und Norden verschiedentlich niederlassen.

Bozen – Salten – Schlern – ein Ziel zu jeder Jahreszeit

Im Grenzbereich kontinentaler und maritimer Luftmassen, dem Wechselspiel, das den Zyklus der Jahreszeiten bisweilen kräftig formt, liegt das Etschtal mit der Weitung des Bozener Beckens. Genauso wie der Innsbrucker und Münchner im Alpenvorland den Südföhn kennt und mitunter auch deutlich spürt, kennt man auch in Südtirol den Nordföhn, der allerdings keine Wärme, sondern rauhe, kalte Winde bringt. Jedoch schon zeitig im Frühjahr überwiegt die südliche Anströmung und heiße Apriltage gepaart mit ergiebigen Niederschlägen fördern das Erwachen der Natur. Weite Obstplantagen stehen in Blüte, Meere von Apfelbäumen säumen die Straßen. Gut einen Monat früher als nördlich der Alpen kann man schon im Freien sitzen und sich die »Pasta« mit einem Tiroler Roten schmecken lassen. Dies ist auch der Zeitpunkt für Talwanderungen entlang der Bäche und schäumenden Achen, durch Löwenzahnwiesen hinauf, wo noch Himmelschlüssel und Krokus gedeihen.

Im Mai beginnen dann die Hochflächen zu grünen und am Salten, am Ritten und etwas später auch auf der Seiser Alm erfreuen Blumenmatten den Wanderer. (Bitte beachten Sie den Natur- und Pflanzenschutz dieser Region!) Nun setzt auch der Reiseverkehr ein und nachdem die Gipfel und Grate schneefrei geworden sind, beginnt die Hochtourenzeit. Klettersteige und Schutzhütten sind bestens betreut.

Sollten doch Regentage die sommerliche Hitze unterbrechen, so freut man sich über wechselnde Wolkenstimmungen und prachtvolle Sonnenauf- und Untergänge. Und noch ein Vorteil: Das Bozener Becken wechselt die staubige, trübe Luft gegen klare Sicht.

Zieht der Herbst ins Land, dann ändert sich auch das Verhalten der Urlauber. An schönen Wochenenden lockt der Zauber der Landschaft, und der Ansturm aus Bayern über den Brenner in das sonnendurchflutete Bozner Unterland überwiegt. Der länger bleibende Gast wird vom Kurzurlauber abgelöst. Im Oktober zeigt sich ein weiterer Vorzug: die Weinlese. Und beim Törggelen in froher Runde wird so mancher Wandertag bis spät in die Nacht hinein verlängert. Noch im November spielt die Region ihre klimatischen Vorzüge aus, denn warme, angenehme Tage locken vor der Winterkälte noch zum Aufwärmen.

Im Winter beeinflußt wiederum das Wechselspiel zwischen Adriatief und kontinentalem Hoch den erhofften Schneefall. In den letzten Jahren konnte man deshalb wiederholt beobachten, daß das begehrte Weiß entweder dem Norden oder dem Süden seine Gunst schenkte. Auch wenn Bozen selbst selten Schneebedeckung aufweist, so sind doch schneesichere Skigebiete in erreichbarer Nähe: im Eggental, am Ritten, im Grödener Tal oder auf der Seiser Alm. Beliebt sind auch die schneesicheren Hänge im Durnholzer Tal.

Unabhängig von den Jahreszeiten sind allerdings Besuche von den zahlreichen Kulturstätten, von Museen, Schlössern, Kirchen und Ausstellungen. Darin spiegeln sich die bodenständige Kultur und Vergangenheit Südtirols wieder, einem Land, das mit Naturschönheiten überreich gesegnet ist.

Allgemeine Tips für Wanderungen und Bergtouren

Die **Ausrüstung,** die wir auf unsere Bergfahrten mitnehmen, richtet sich nach der Dauer und dem Schwierigkeitsgrad unserer Unternehmung. Für leichte Touren genügen feste Wanderschuhe, ein kleiner Rucksack für Regen- und Kälteschutz, sowie für etwas Proviant. Für Ausflüge in die höheren Regionen sind zusätzlich Sonnencreme und -brille, Handschuhe, Mütze und Reservewäsche erforderlich. Die **Wanderapotheke** wird hoffentlich ungebraucht im Rucksack bleiben, doch bei Abschürfungen sind eine desinfizierende Salbe und ein Hansaplast gewiß willkommen, wie auch ein paar Sicherheitsnadeln, falls beim Abstieg der Hosenstoff leiden sollte. Hochtouren sollten grundsätzlich nur mit einem erfahrenen Bergführer unternommen werden. In den Talorten stehen behördlich autorisierte Führer zur Verfügung, die einen sicheren Gipfelsieg gewährleisten.

Die Beschaffenheit des Hochgebirges bringt es mit sich, daß viele Routen ausgesetzt sind, die Schwindelfreiheit erfordern und daher wiederholt auf vernünftiges Schuhwerk hingewiesen werden muß. Wenn wir mit Kindern unterwegs sind, so erweist sich ein kurzes Bergseil (10 m) als große Hilfe.

Bei Unfällen ist die nächste Bergrettungsstelle zu verständigen. Ist direkte Hilfeanforderung unmöglich, kann durch das **alpine Notsignal** Hilfe herbeigeholt werden. **Hilfeanforderung:** 6 Signale pro Minute in Abständen von je 10 Sekunden, eine Minute Pause, wieder 6 Signale usw. **Antwort:** 3 Signale in einer Minute in Abständen von je 20 Sekunden, eine Minute Pause, dann wieder 3 Signale usw.

Die **Schwierigkeitseinteilung** leicht – mittel – nur für Geübte richtet sich nicht nach der UIAA Skala (von leicht bis äußerst schwierig), sondern wurde unter dem Gesichtspunkt der für einen durchschnittlichen Wanderer zu überwindenden Höhenmeter, der Schwierigkeit des Weges (Gletscherbegehung) und der Einkehr- und Rastpunkte ausgewählt. Die Schwierigkeit und der angegebene Zeitaufwand stellen unverbindliche Empfehlungen dar, – sie können je nach Witterungseinflüssen und Geländeverhältnissen von den angegebenen Werten mehr oder weniger abweichen.

Kennzeichnung der Schwierigkeit:
- 🔵 leichte Wanderung, auch für Kinder geeignet!
- 🔴 mittelschwere Wanderung
- ⚫ schwere Wanderung, nur für geübte Berggeher!

Zeichenerklärung zu den Tourenprofilen:
- 🏠 Gasthaus, Unterkunftshaus
- △ unbewirtschaftete Hütte, Unterstandsmöglichkeit
- ☼ Aussichtspunkt, Rundblick
- 🚡 Sessellift
- 🚠 Seilbahn

Bozen Umgebung

Bozen und Umgebung

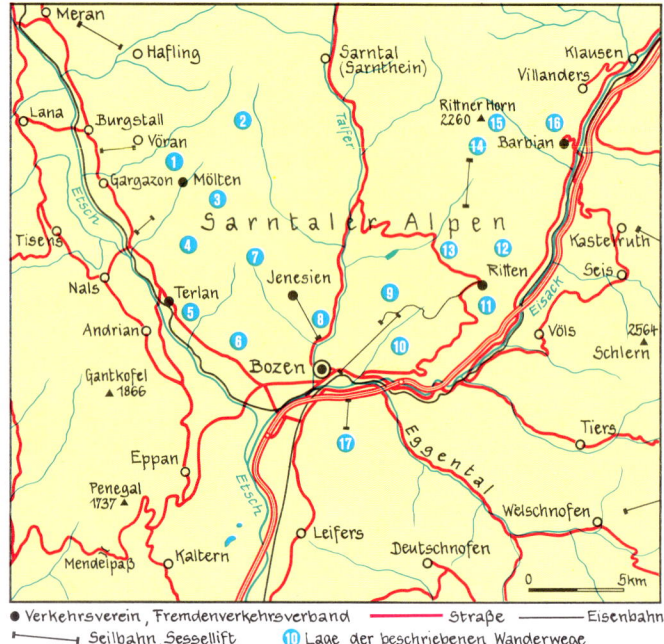

● Verkehrsverein, Fremdenverkehrsverband ——— Straße ——— Eisenbahn
⊢———⊣ Seilbahn, Sessellift   ❿ Lage der beschriebenen Wanderwege

Ortsbeschreibungen:

BARBIAN

Gemeinde, Provinz Bozen, Einwohnerzahl: 1500, Seehöhe: 836 m, Postleitzahl: I-39040. **Auskunft**: Tourismusverein Barbian. **Bahnstation**: Waidbruck (4 km). Busverbindung mit Kastelruth, Klausen, Brixen und Lajen, auf die Seiser Alm und in das Grödner Tal.

An das Rittner Horn angelehnt, liegen die Häuser von Barbian inmitten ausgedehnter Zwetschgenkulturen. Eine schöne Straße (nicht für Busse geeignet) führt von Barbian über Kollmann auf den Ritten.

Sehenswert

Der **Schiefe Turm**. – Der **Wasserfall** des Ganderbaches. – **Bad Dreikirchen** mit den drei aneinandergebauten Kirchen St. Nikolaus, St. Magdalena und St. Gertrud. Gotischer Altar und Nikolausfigur, Ende 15. Jh. (St. Nikolaus); Wandgemälde, frühes 15. Jh. (St. Gertrud); spätgotischer Flügelaltar (St. Magdalena).

BOZEN

Hauptstadt der gleichnamigen Provinz, Einwohnerzahl: 98.150, Seehöhe: 265 m, Postleitzahl: I-39100. **Auskunft**: Tourismusverein Bozen. **Bahnstation**: im Ort. Busverbindung mit allen Orten der Umgebung.
Bergbahnen: Seilbahnen Bauernkohlern, Ritten/Oberbozen, Jenesien.

Zur näheren Information empfehlen wir Ihnen den KOMPASS-Stadtplan Bozen, 1:8000, Verlagsnummer 480, und den KOMPASS-Stadtführer Bozen, Verlagsnummer 545, beide erschienen in diesem Verlag.

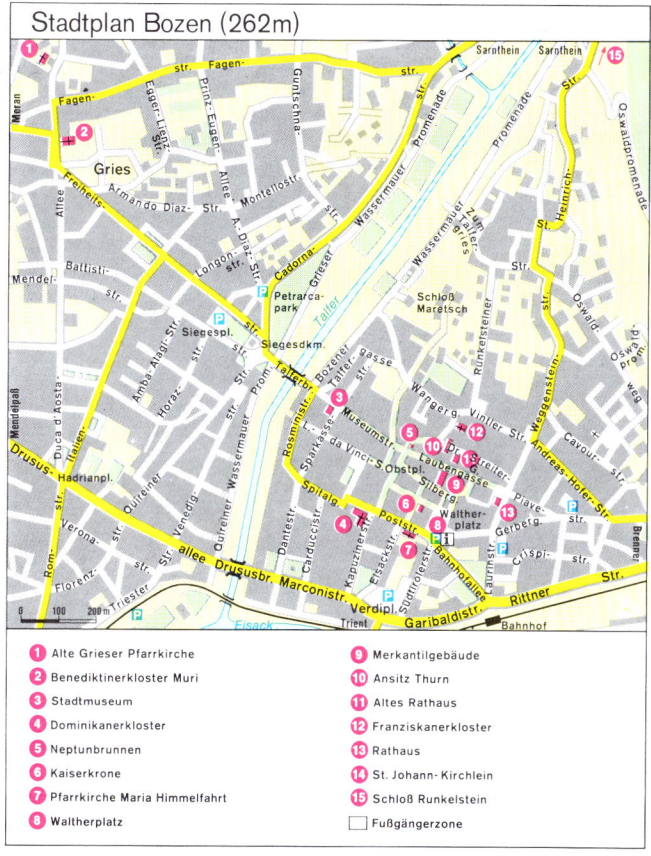

Stadtplan Bozen (262m)

1. Alte Grieser Pfarrkirche
2. Benediktinerkloster Muri
3. Stadtmuseum
4. Dominikanerkloster
5. Neptunbrunnen
6. Kaiserkrone
7. Pfarrkirche Maria Himmelfahrt
8. Waltherplatz
9. Merkantilgebäude
10. Ansitz Thurn
11. Altes Rathaus
12. Franziskanerkloster
13. Rathaus
14. St. Johann-Kirchlein
15. Schloß Runkelstein

Fußgängerzone

Die Provinzhauptstadt **Bozen** ist der wirtschaftliche, geistige und kulturelle Mittelpunkt Südtirols. Sie ist neben Brixen die älteste Siedlung des Landes. Seine Entstehung und heutige Stellung verdankt Bozen der zentralen Lage am Zusammenfluß von Etsch und Eisack. Schon um 15. v. Chr. befand sich hier eine römische Straßenstation Pons Drusi. Der Name Bauzanum, aus dem sich Bozen ableitete, erschien erstmals 800 n. Chr. Seit 1027 war Bozen Sitz einer Grafschaft, die dem Bischof von Trient unterstand. Damals entstand das Bild der Altstadt. Im Jahr

1363 kam Tirol mit Bozen zu den Habsburgern. Schon in römischer Zeit als Handelsstadt von Bedeutung, wurde die Stadt zu einem der bedeutendsten Umschlagplätze für den Handel zwischen Italien und Österreich bzw. Deutschland. Schon im 12. Jahrhundert gab es die berühmten Bozener Messen, die erst Mitte des letzten Jahrhunderts ihre Bedeutung verloren. Sie wurden erst 1948 wieder abgehalten. 1964 wurde Bozen zudem Sitz des Bistums Bozen-Brixen.

Sehenswert (Die Nummern beziehen sich auf die Lage im Stadtplan auf Seite 17!)

(1) Westlich der Talfer liegt der Bozner Stadtteil Gries, dessen Mittelpunkt der ursprüngliche Hauptplatz bildet. Unweit davon befindet sich die **Alte Pfarrkirche** Gries, ein romanischer Bau, der im 16. Jh. wesentliche Umbauten erlebt hat. Die Erasmuskapelle an der Südseite des Chores mit ihrem Netzgewölbe und der Vorhalle ist ein interessantes Werk der Gotik. Im Inneren der Kapelle der neu zusammengestellte Altar von Michael Pacher (1475). Auf der Rückseite 15 Gemälde eines schwäbischen Malers (um 1480).

(2) Aus der landesfürstlichen Burg am Grieser Hauptplatz wurde Anfang des 15. Jh.s ein Augustiner Chorherrenstift. Nach der Säkularisation wurde 1845 ein **Kloster der Benediktiner von Muri** (Schweiz) eingerichtet. Die im lombardischen Barockstil erbaute Stiftskirche St. Augustinus geht auf die Jahre 1769—1771 zurück. Sehenswert die Deckenfresken von Martin Knoller (um 1772). An die barocke Fassade der Klosterhauptfront ist der frühere Bergfried der Burg Gries als Glockenturm (12. Jh.) eingebaut sowie der Torturm mit Fresken des 15. Jh.s zu erkennen.

(3) Unweit der Altstadt befindet sich das **Museum der Stadt Bozen** (Sparkassenstraße, sonntags geschlossen!), das aufschlußreiche Sammlungen der Südtiroler Kunst und Kultur beherbergt. Im Erdgeschoß interessante vorgeschichtliche und römische Funde. Im 1. Obergeschoß werden zahlreiche Werke der Gotik, im 2. Stock die Geschichte der Stadt Bozen und Arbeiten der Barockzeit gezeigt. Der 3. Stock ist der Volkskunde (Trachten, Masken, Keramik u. v. a.) gewidmet.

(4) Die Gründung des **Dominikanerklosters** im Jahr 1272 geht auf Regensburger Ordensbrüder zurück. 1785 wurde es aufgehoben und zu militärischen Zwecken verwendet. Durch Bomben im letzten Krieg stark beschädigt, wurde das Kloster ab 1950 wieder aufgebaut. Im Langhaus der Dominikanerkirche (um 1275, 1488 umgebaut) wertvolle Fresken der Brixener Schule. Unter dem Chor schließt die **Johanniskapelle** an, die mit ihren Fresken aus der Schule Giottos ein Kleinod darstellt. Im spätgotischen Kreuzgang viele z. T. übereinandergemalte Fresken. Die ältesten gehen auf die italienische Schule des 12. Jh.s zurück. Mehrere Gewölbefelder mit Gemälden von Friedrich Pacher. An den Kreuzgang schließt die Katharinenkapelle an, in deren Innerem Fresken von italienischen Malern des 14. Jh.s zu sehen sind.

(5) Am Westende der idyllischen Laubengasse steht der bronzene **Nep-**

Benediktinerkloster Muri in Bozen/Gries

tunbrunnen (1746). Daneben befanden sich früher der Pranger und das Narrenhäusl der Stadt. Hier beginnt der beliebte Obstplatz mit seinen Verkaufsständen und dem geschäftigen Treiben.
(6) Von der Goethestraße links abbiegend kommt man durch die Mustergasse zum gleichnamigen Platz, wo das ehemalige Hotel **Kaiserkrone,** ein bemerkenswerter Barockbau aus dem 18. Jh., steht. Hier logierten zahlreiche Fürsten und prominente Persönlichkeiten.
(7) Eine der schönsten Kirchenbauten Südtirols ist die **Propsteipfarrkirche** Maria Himmelfahrt. Sie entstand ursprünglich aus einer frühchristlichen Friedhofskirche (um 400). Auf ihren Grundmauern wurde 1295 mit dem Bau einer Basilika begonnen. 1340–1370 erbaut erhielt das Langhaus erst anfangs des 15. Jahrhunderts das Presbyterium. Die barocke Gnadenkapelle wurde 1742/45 an den Chor angefügt. Den Turm gestaltete Hans Lutz von Schußenried (Schwaben) von 1500–1519. Nach starker Bombenbeschädigung 1943/45 wurde die Kirche bis 1961 wiederhergestellt und das Dach nach altem Muster mit farbigen Ziegeln eingedeckt. An der Nordseite des Chores befindet sich das zugemauerte Leitacher Törl, eine figurenreiche hochgotische (vermutliche) Brauttüre. Im dreischiffigen Inneren: Prächtige spätgotische Sandsteinkanzel mit Maßwerk und Reliefs der Kirchenväter des 14. Jahrhunderts. An der Süd- und Westwand: Freskenfragmente mit Legenden in deutscher Sprache. Der Hochaltar stammt von 1716 (1955 wiederhergestellt), die vier hohen neugotischen Flügelaltäre von 1893/99. In der Gnadenkapelle: Kuppelfresken vom schlesischen Maler Karl Henrici (1771).

(8) Nordöstlich der Pfarrkirche breitet sich der **Waltherplatz,** das Zentrum Bozens, aus. Er wurde nach dem berühmten Minnesänger Walther von der Vogelweide (1170 bis 1230) benannt, dessen Heimat bei Klausen gewesen sein soll. Sein von Heinrich Natter 1889 geschaffenes Denkmal wurde 1935 in den Roseggerpark an der Dantestraße versetzt. Im Jahre 1982 kehrte das Monument auf seinen ursprünglichen Platz zurück.

(9) Interessant ist das **Merkantilgebäude,** das sich zwischen der Lauben- und Silbergasse befindet. Der Barockpalast mit Innenhof (1708 – 1727 erbaut) war früher Sitz des Bozner Messegerichtes. Im Inneren: Prunksaal mit Wandmalereien, Gemälden, Murano-Spiegeln sowie ein kostbarer Orientteppich (17. Jh.).

(10) Parallel zu den Lauben verläuft die schmale Dr. Streiter-Gasse, in welcher der alte **Ansitz Thurn** liegt. Über die Straße reichende Verbindungsbögen und schöne Erker geben der heimeligen Gasse ihr Gepräge.

(11) Das **alte Rathaus** in den Lauben (gegenüber Merkantilgebäude) zeigt beachtenswerte gotische Gewölbe aus dem 14. Jh.

(12) Das Bozener **Franziskanerkloster** (1223/24) ist eines der ältesten im deutschen Sprachraum. Die Klosterkirche St. Franziskus war anfangs (1291) nur ein flacher Predigtsaal, aus dem im 15. Jahrhundert eine dreischiffige Halle entstand. Im Inneren stark beschädigte Fresken. Sehenswert ist die Marienkapelle (an der Nordseite des Chores) mit einem Schnitzaltar (um 1500 Jh.) von Hans Klocker aus Brixen. Der gotische Kreuzgang mit Kleeblattbogenfenster (1350) ist mit reichen Fresken aus dem 15. Jh. geschmückt. Das Kloster wurde im 2. Weltkrieg stark beschädigt, in den Jahren 1946/47 jedoch wieder renoviert.

(13) Die Lauben werden im Osten vom Rathausplatz mit dem neuen, in modernem Barockstil erbauten **Rathaus** (1907) begrenzt. Hier beginnt die Bindergasse, die wegen ihrer Gasthäuser und schmiedeeisernen Aushängeschildern und urigen Gewölben besucht werden sollte (z. B. Weißes Rößl, Mondschein). Die Ecke zur Andreas-Hofer-Str. bildet das ehemalige **Amtshaus** von Kaiser Maximilian I. In unmittelbarer Nähe das **Batzenhäusl**, ein gemütliches, altes Künstlerlokal, das ehemals eine Weinschenke des Deutschen Ritterordens gewesen war.

(14) Das **St. Johann-Kirchlein** geht auf das 14. Jahrhundert zurück. Es stellt ein typisches Beispiel Bozener Chorturmkirchen in spätromanischem Stil mit gotischen Details dar. Im Inneren wunderbare Fresken (zum Teil in 2 Schichten) der Frühgotik. Der spätgotische Flügelaltar steht derzeit im Stadtmuseum in Bozen.

(15) Zu den schönsten Sehenswürdigkeiten Bozens zählt **Schloß Runkelstein** am Eingang des Sarntales.
Sie wird über einen romantischen Burgweg von der St. Anton-Straße aus erreicht. Der romantische Burghof wird von je einem Palais im Westen und Osten, dem nördlichen Vintlertrakt sowie der Burgkapelle und dem Turm umgeben. Runkelstein wurde 1237 erbaut und unter Nicklas von Vintler im 14. Jahrhundert mit wunderbaren Fresken verziert, diese

gehören zu den bedeutendsten profanen Gemälden des ausgehenden Mittelalters im deutschen Raum.

Jenesien

JENESIEN

Gemeinde, Provinz Bozen, Einwohnerzahl: 3100, Seehöhe: 1.080 m, Postleitzahl: I-39050. **Auskunft**: Tourismusverein Jenesien. **Bahnstation**: Bozen (6 km). Busverbindung mit Bozen. **Bergbahn**: Seilbahn.

Die Gemeinde Jenesien, zu der noch verschiedene Weiler in der Umgebung des Dorfes gehören, liegt auf einem Plateau am Salten. Ausgedehntes Almen- und Wiesenland, dunkle Nadelwälder und eine südliche Vegetation vermitteln dieser Mittelgebirgslandschaft einen ungewöhnlichen Reiz. Die Wanderungen über den Salten mit seiner reichhaltigen Bergflora und der Rundblick auf die benachbarten Hochgebirgskämme müssen jeden naturbegeisterten Menschen erfreuen.

Sehenswert

Ruine **Greifenstein** (Sauschloß). – Ruine **Helfenburg.** – Die prächtigen **Einzelhöfe** der Umgebung. – Die **Haflinger** Pferdezucht.

MÖLTEN

Gemeinde, Provinz Bozen, Einwohnerzahl: 1200, Seehöhe: 1.140 m, Postleitzahl: I-39010.
Auskunft: Tourismusverein Mölten. **Bahnstation:** Vilpian (2,5 km). Busverbindung mit Bozen und Meran ab Vilpian.
Bergbahn: Seilschwebebahn Vilpian – Mölten.

Sehenswert

Die **Pfarrkirche** Maria Himmelfahrt, im 13. Jh. errichtet, um 1500 erweitert, im 17. Jh. vergrößert; Fresken an der Außenseite, Anfang 15. Jh.; Holzskulpturen, 15. u. 16. Jh., Glocke 1686. – **St. Anna** am Friedhof; Pietà aus Steingut, 14. Jh., romanisches Kruzifix. – **St. Georgkirchlein** in Versein (historische Funde). – Dörfchen **Verschneid** (besonders malerisch). – Die »Roßhimmel«, Weideplätze der Haflinger Pferde inmitten ausgedehnter Lärchenlichtungen.

RITTEN

Gemeinde, Provinz Bozen, Einwohnerzahl: 6100, Seehöhe: 1.200 – 2.000 m, Postleitzahl: I-39054. **Auskunft:** Tourismusverein Ritten in Klobenstein. **Bahnstationen:** Bozen (12 km); außerdem die Orte Maria Himmelfahrt, Wolfsgruben, Lichtenstern, Rappersbichl und Klobenstein/Lengmoos an der Schmalspurbahn. Busverbindung mit Bozen.
Bergbahn: Seilbahn Bozen – Oberbozen.

Zur Gemeinde Ritten sind die Orte Atzwang, Klobenstein, Lengmoos, Lengstein, Oberbozen, Oberinn, Unterinn und Wangen vereinigt. Dazu gehören u.a. noch die Siedlungen und Weiler Bad Süß, Eschenbach, Gißmann, Kematen, Lichtenstern, Maria Himmelfahrt, Maria Saal, Pemmern, Rappersbichl, Riggermoos, Siffian und Wolfsgruben. All diese Ortschaften liegen zwischen bewaldeten Hügeln auf der Hochfläche des Rittner Bergrückens, der sich als Ausläufer der Sarntaler Alpen gegen das Eisack- und Talferbett vorschiebt. Charakteristisch für ihn sind die steil abfallenden Porphyrplatten und die in seinem Bereich an verschiedenen Stellen aufragenden, oft nadeldünn auslaufenden Erdpyramiden. Die nach allen Richtungen hin offene Lage des Gemeindegebietes bietet Ausblicke auf Schlern, Rosengarten, Latemar und die dahinter aufsteigenden Fassaner, Grödner, Buchensteiner Ketten, den Fernblick auf die Etschtalberge bis hin zu den Fernern des Alpenhauptkammes. Das günstige, warme Klima bietet fast zu jeder Jahreszeit Erholung, weshalb auch sehr viele vermögende Bozener auf dem Ritten einen Landsitz haben. Eine Vielzahl von Wandermöglichkeiten, üppige Bergwiesen, Laub- und Lärchenwälder, malerische Winkel in alten Dörfchen und einsam stehende Bergkirchlein geben dieser Landschaft einen unvergeßlichen Zauber. Eine Autostraße, die das Gebiet dem Fremdenverkehr weiter erschlossen hat, folgt streckenweise dem historischen »Kaiserweg«, auf dem im Mittelalter Heere und Handelszüge nach Norden und Süden zogen.

Sehenswert

Klobenstein: **St. Antoniuskirchlein,** 17. Jh.; **Erdpyramiden** im Graben des Finsterbaches, verwitterte Moränen mit Porphyr- oder Granit-»Hüten«. – In Lengmoos (kirchl. Mittelpunkt des Rittens): **Haus** der **Deutschen Ritterordenskommende,** Gobelins und Stukkaturen. – **Kalten-**

brunn bei Lengmoos: hier übergab Kaiser Konrad II. 1227 die Grafschaft Bozen an die Bischöfe von Trient und die Grafschaften an Eisack und Inn an die Brixener Bischöfe. – Kirche **Maria Himmelfahrt,** got. u. neugot., Turm 1221. – **Kematen,** alter Bauernhof mit Gastbetrieb. – **Pemmern** auf der »Schönalpe«, Bartlmä-Markt am 24. August. – Lengstein: Kuratialkirche **St. Ottilien,** bereits 1177 in einer Urkunde von Kaiser Friedrich I. Barbarossa erwähnt, Turm und Chor got., mit benachbartem »Hexenboden«. – **St. Andreas** mit Weiler Antlas, vorgeschichtliche Siedlung, Kirche im 14. Jh. erbaut. – **St. Nikolauskirchlein** bei Maria Saal, 12. Jh., um 1400 umgebaut, Innenraum barockisiert. – **Kirchlein Maria Saal,** 16., 17. Jh. Gnadenbild-Legende, Wandbild »Muttergottes mit dem Regenschirm«. – Der **Wolfsgrubensee.** – In und um Unterinn: Erzpfarrkirche **St. Luzia,** 1211 erwähnt, 1400 umgebaut, barockisiert; **St.-Michael-Kirche,** schöne Kreuzigungsgruppe; sehr alte Bauernhöfe; **St.-Sebastian-Kirche** im Weiler Eschenbach, Pestgedächtniskirche, 14. Jh. roman.-got.; der Talabschluß »Auf der Weit« bei Eschenbach, Schlachtfeld aus der Römerzeit; Ruine **Zwingenstein,** mit prähist. Ringwall, Reste der 1275 von Meinhard II. zerstörten Burg. – Der **Piperbühel** bei Klobenstein, Privatbesitz, bedeutsame prähistor. Fundstätte, Fundort des rätischen Grabsteins des Laseke, einstige Pfahlbauanlage. – **Schloßruine Stein,** 13. Jh., galt lange als uneinnehmbar, vom bayr. Herzog Teck im Auftrag Margarete Maultaschs erstürmt, einstiger Sitz und Hinrichtungsstätte des Engelmar von Villanders. – Siffian: **Kohlhof,** Heimat des Tiroler Freiheitshelden Peter Mayr; der **Schrofhof,** Sommerhaus des schlesischen Dichters Otto Julius Bierbaum (1865–1910), Privatbesitz; Kirche **St. Peter. – Erdpyramiden** am Katzenbachgraben bei Signat und bei Unterinn.

TERLAN

Gemeinde, Provinz Bozen, Einwohnerzahl: 3.100, Seehöhe: 248 m, Postleitzahl: I-39018.
Auskunft: Tourismusverein Terlan. **Bahnstation:** im Ort. Busverbindung mit Bozen und Meran.

Das Weindorf Terlan gilt als das »Paradies an der Etsch«. Die weite Ebene entlang der Etsch ist mit Wein- und Obstkulturen bedeckt. In wohltuendem Kontrast steigt oberhalb des Ortes die von einem felsigen Sockel getragene Terrasse des Mittelgebirges auf. Sie ist den Hochmatten des Tschaufen und Lärchenwäldern des Salten vorgelagert. Als Wahrzeichen des Ortes ragt Schloß Neuhaus, der Lieblingssitz der »häßlichen« Herzogin Margarete Maultasch, über Zypressen und Mandelbäumchen auf. Terlan war in alter Zeit Zollstation, der Name »Maultasch« wird von der lateinischen Kennzeichnung »mala tasca« abgeleitet, was soviel wie Mausefalle, der Zollstation wegen, bedeutet.

Sehenswert
Die gotische **Pfarrkirche,** 15. Jh., mit dem Freskenzyklus von Johann Stocinger, Anfang 15. Jh. – **Ruine Festenstein,** 13. Jh., über dem Gaider Graben bei Andrian. – **Burg Wolfsthurn** bei Andrian.

Wanderungen und Bergtouren in Bozens Umgebung

1 Wanderung: Vöran – St. Ulrich – Schlaneid – Vöran

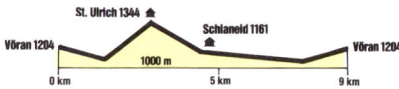

Ausgangspunkt: Vöran
Parken: Talstation Seilbahn Vöran, Burgstall
Höhenunterschied: 240 m

Wanderzeit: 3½ Std.
Schwierigkeitsgrad: leicht!
Einkehr: St. Ulrich, Schlaneid, Gh. Reicher

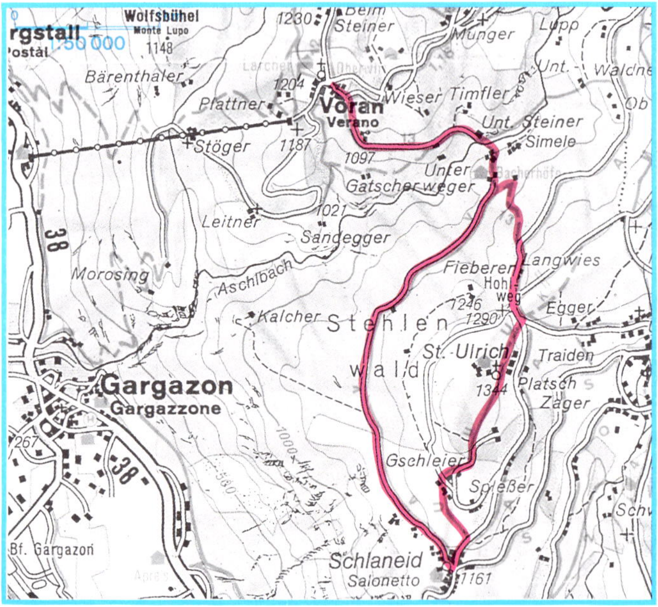

Tourenverlauf: Von der Bergstation der Straße entlang zum idyllischen Dorfkern von Vöran. Direkt neben der Kirche zweigt hier eine Straße nach rechts ab und führt leicht fallend zum Aschelbach (Nr. 13). Nach wenigen Metern Aufstieg an der gegenüberliegenden Bachseite zweigt direkt neben dem Bauernhaus ein Wiesenweg nach links ab. An einem weiteren Bauernhof vorbei mündet dieser in einen Waldweg. Den Zirbenbeständen entlang hochsteigend, gelangt man auf die von Aschl nach Mölten führende Straße. Weiter nach rechts, durch den Wald, bis wir das Plateau mit dem St. Ulrich Kirchlein erreichen. Der Markierung U folgend steigen wir nach Schlaneid ab. Beim ersten Gehöft kurz nach dem Schlaneiderhof zweigt ein Schotterweg nach rechts ab. Meist durch Wald führt dieser Weg zum Aschlbach zurück, von wo es den leichten Anstieg nach Vöran zurück zu bewältigen gilt.

② Rundwanderung: Schermoos – Möltner Kaser – Schermoos

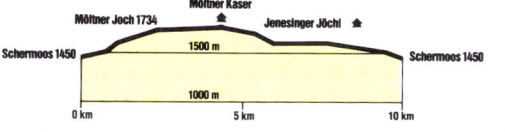

Ausgangspunkt: Mölten
Parken: Schermoos (Nähe Lafenn)
Höhenunterschied: 320 m

Wanderzeit: 3½ Std.
Schwierigkeitsgrad: leicht!
Einkehr: Möltner Kaser

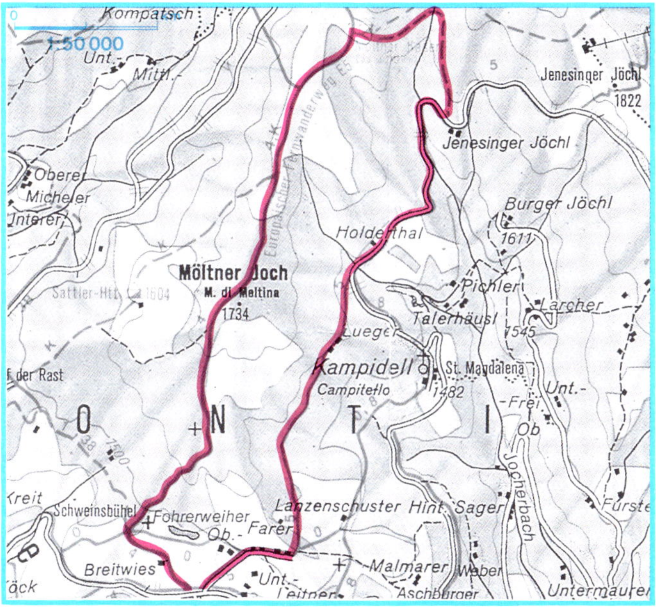

Tourenverlauf: Mit dem Auto von Terlan über Verschneid nach Mölten. Die enge steile Straße durchs Dorf bergauf und dann nach rechts, an mehreren Höfen vorbei und schließlich durch den Wald bis in der Nähe von Lafenn die Straße endet (Parkmöglichkeit). Vom Kfz-Parkplatz ein Stück entlang des Schotterweges geradeaus, bis sich mehrere Wege kreuzen. Wir folgen der Markierung Nr. 4 nach links in mäßiger Steigung hinauf aufs Möltner Joch; und weiter entlang von Almwiesen und Lärchenbeständen, der für den Tschögglberg so typischen Landschaft, und zum Teil durch den Wald zur Möltner Kaser. Von der einladenden Gastwirtschaft steigen wir ostseitig zur Jenesinger Jöchl Alm ab. Von dort entlang der Schotterstraße (Nr. 5), bis nach Querung des Jochbaches und des Holdertales ein Wald- und Wiesenweg abzweigt. Diesem folgend (Nr. 5) queren wir die Hänge hoch über Kampidell und erreichen schließlich über den Ober- und Unterfarerhof Schermoos.

❸ Wanderung: Mölten – Lafenn – (Verschneid) – Mölten

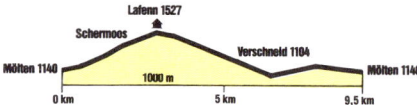

Ausgangspunkt: Mölten
Parken: Vilpian (Talstation Seilbahn) oder Molten
Höhenunterschied: 400 bzw. 500 m

Wanderzeit: 2 Std. bzw. 3½ Std.
Schwierigkeitsgrad: leicht!
Einkehr: Lafenn

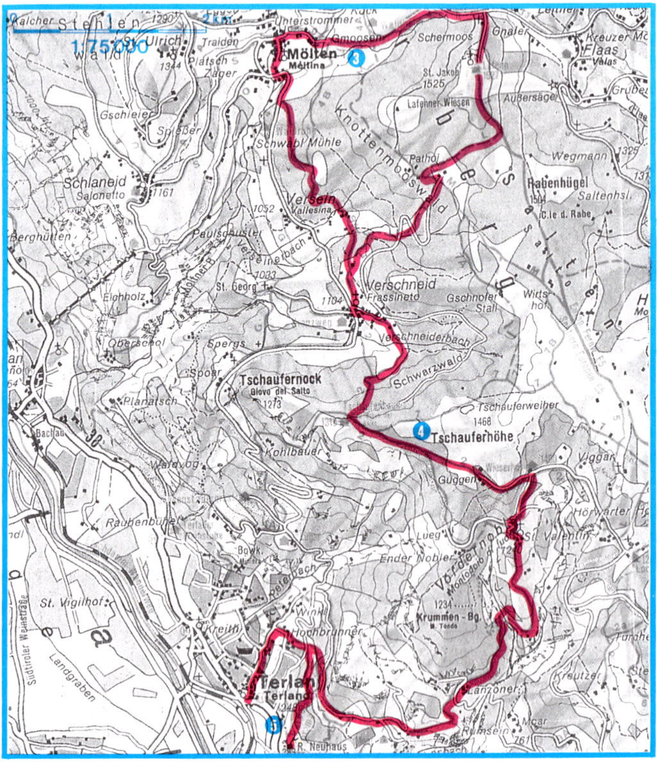

Tourenverlauf: Mölten erreichen wir entweder indem wir von Vilpian aus die Seilbahn benutzen und in einer knappen Stunde der Schotterstraße folgend Richtung Dorf wandern oder indem wir von Terlan aus mit dem Auto direkt dorthin fahren. Ein Stück oberhalb der Kirche zweigt eine Schotterstraße nach rechts ab (Nr. 4). Sie führt an mehreren Bauernhöfen vorbei ins Bachbett und mündet nach Bewältigung des Anstiegs durch den Wald in die Fahrstraße. 100 m der Straße entlang (Parkplatz), dann nach rechts auf die Erhebung mit dem Lafenner

Kirchlein. Abstieg wie Aufstieg oder dem Europ. Fernwanderweg Richtung Jenesien folgend bis zur ersten Kreuzung, wo wir nach rechts abzweigen und über Almwiesen und lichte Lärchenbestände nach Verschneid absteigen. Ausdauernde Wanderer können dem Europ. Fernwanderweg weiter folgen bis ein Wegweiser die Route zum Tschaufenhaus andeutet. Mit einer knappen Stunde Mehraufwand erreicht man somit ebenfalls Verschneid, von wo man, der Straße folgend, zum Ausgangspunkt zurückwandert.

❹ Wanderung: (Mölten) – Verschneid – Tschaufenhaus – Vordernobels – Terlan

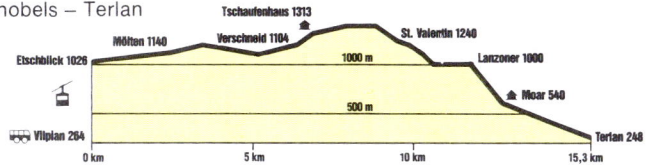

Ausgangspunkt: Terlan
Parken: Terlan bzw. Vilpian (Talstation Seilbahn) oder Mölten
Höhenunterschied: 1.060 m

Wanderzeit: 5 Std. bzw. 3½ Std.
Schwierigkeitsgrad: leicht!
Einkehr: Tschaufenhaus, Moar
Karte: siehe Seite 26

Tourenverlauf: Von der Bergstation der Seilbahn Mölten wandern wir am Fahrweg nach Mölten und weiter nach Verschneid. Oder, um die Wanderung zu kürzen, suchen wir uns von Terlan aus eine entsprechende Mitfahrgelegenheit nach Verschneid (Straße Terlan–Mölten). Von dort steigen wir der Markierung Nr. 2 folgend (an der Kirche vorbei) durch schattigen Wald zum Tschaufenhaus auf – großartige Aussichtswarte auf das Etschtal, den Mendelkamm und die Dolomiten. Weiter der Nr. 2 folgend, wandern wir Richtung Wieserhof, zweigen jedoch vor dessen Erreichen, einem Güterweg folgend, nach St. Valentin ab. Zwischen Haus und Kirchlein führt von dort die Markierung entlang der sonnigen Wiesen in den Talgrund und durch Wald zum Lanzoner Hof. Nach Queren der Wiese führt von dort ein steiler Pflasterweg bergab. Bei Erreichen der ersten Weingüter geht dieser in einen Fahrweg (Nr. 9) über und führt hinab nach Terlan.

❺ Wanderung: Terlan – Margarethenpromenade – Ruine Neuhaus

Ausgangspunkt: Terlan
Parken: Terlan
Höhenunterschied: 130 m
Wanderzeit: 1 Std.
Schwierigkeitsgrad: leicht!
Karte: siehe Seite 26

Tourenverlauf: In weithin sichtbarer Lage auf dem Rücken eines Porphyrgrates liegt unweit vom Ortskern die Ruine Neuhaus, meist Maultasch genannt. Die zwischen 1184 und 1206 von den Grafen von Tirol erbaute Burg wurde 1320 nach erfolgter Zerstörung wieder erneuert. Von Terlan der Kirchgasse folgend (rechts von der Kirche) bis zum Ansitz Liebeneich. Nun nach rechts (Nr. 9) an einem Bauernhof vorbei zur Möltner Straße. Nach deren Querung führt die Margarethenpromenade zu der seit dem 17. Jh. dem Verfall ausgesetzten Ruine.

❻ Wanderung: Siebeneich – Ruine Greifenstein/»Sauschloß« – Glaning – (Bozen)

Ausgangspunkt: Siebeneich
Parken: Siebeneich
Höhenunterschied: 500 m
Wanderzeit: 3 Std. bzw. 3½ Std.
Schwierigkeitsgrad: leicht!
Einkehr: Noafer

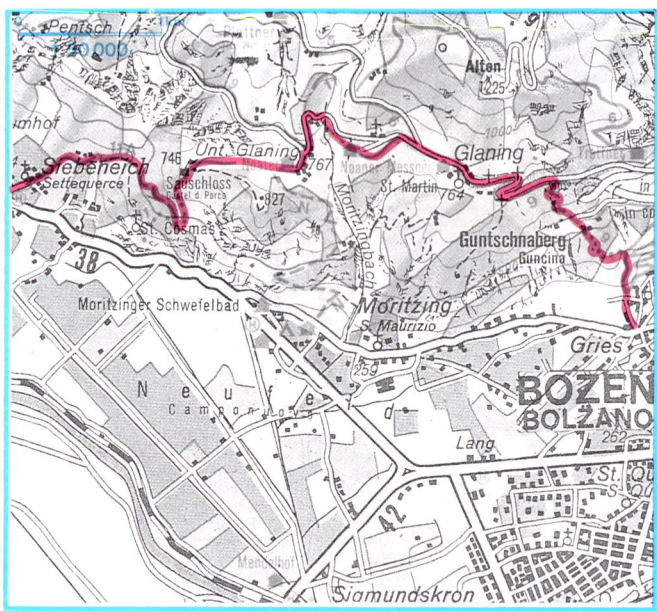

Tourenverlauf: Von Siebeneich (zwischen Bozen und Terlan) führt ein schmaler Pfad (Nr. 11 A) zu dem hoch über dem Etschtal auf einem turmartigen Porphyrfelsen thronenden »Sauschloß«. Spuren wiederholter Zerstörungen und Erneuerungen kennzeichnen die im 12. Jh. von den Grafen von Grafenstein erbaute, heute zur Ruine verfallene Burg. Rechts an der Kirche vorbei (100 m oberhalb der Staatsstraße) führt eine Straße zu einem Gehöft inmitten des Laubwaldes. Kurz nach dem Gehöft zweigt ein Pfad vom Fahrweg nach rechts ab, quert den Bach und führt schließlich im Zickzack durch den Laubwald, zum Teil auf altem Pflasterweg zur Ruine empor. Beeindruckend ist der Blick über die Mauerreste hinweg in das 500 m tiefer gelegene Etschtal. Hinter der Ruine führt ein flacher Wiesenweg nach Unterglaning. Auf dem Weg dorthin öffnet sich allmählich der Blick in den Bozner Talkessel mit den Dolomiten im Hintergrund. Abstieg wie Aufstieg oder nach der Doppelkurve zwischen Glaning und Jenesiener Straße auf den Steig Nr. 9, der nach Bozen (Gries) führt.

❼ Wanderung: Jenesien – Edelweiß – Tschaufenhaus – Locher – Jenesien

Ausgangspunkt: Jenesien
Parken: Jenesien
Höhenunterschied: 260 m

Wanderzeit: 4½ Std.
Schwierigkeitsgrad: leicht!
Einkehr: Edelweiß, Tschaufenhaus, Wieserhof, Locher

Tourenverlauf: 50 Meter oberhalb der Kirche von Jenesien gelangt man zu einer Wegkreuzung. Rechts führt die Fahrstraße zum Gasthof Edelweiß. Nach links, am oberen Ende der Wohnsiedlung vorbei, erreicht man den mit E versehenen Waldweg. Eine schmale Straße führt von dort Richtung Langfenn und erreicht nach kurzer Höhendifferenz eine Weggabelung. Wir folgen dem nach links abzweigenden Weg Nr. 7. Die Lärchenwiesen an einem Bauernhaus vorbei querend, gilt es nach leichter Neigung (Kreuzung links, alte Lärche geradeaus weiter) den etwas höher gelegenen Waldweg zu erreichen, der zum Tschaufer Weiher (geschütztes Biotop) und weiter zum Tschaufenhaus führt. Die Markierung Nr. 2 führt uns Richtung Osten zum Wieserhof und weiter entlang der Schotterstraße (Graben mit einzelnen Erdpyramiden) zum Locher. Nach einem kurzen Stück durch die Wiesen zweigt nach links ein schön angelegter Waldweg (Markierung L) ab, der nach Querung des Fagenbaches zurück nach Jenesien führt. Insbesondere im Frühjahr, wenn Enzian und Anemonen die Almwiesen säumen und im Herbst, wenn sich die Lärchen färben, beeindruckende Landschaft.

8 Wanderung: Afing – Ruine Rafenstein – Bozen

Ausgangspunkt: Bozen
Parken: Talstation Seilbahn Jenesien
Höhenunterschied: Aufstieg 370 m, Abstieg 600 m
Wanderzeit: 4 Std.
Schwierigkeitsgrad: leicht!
Einkehr: Afing, Jausenstation Schloßwirt

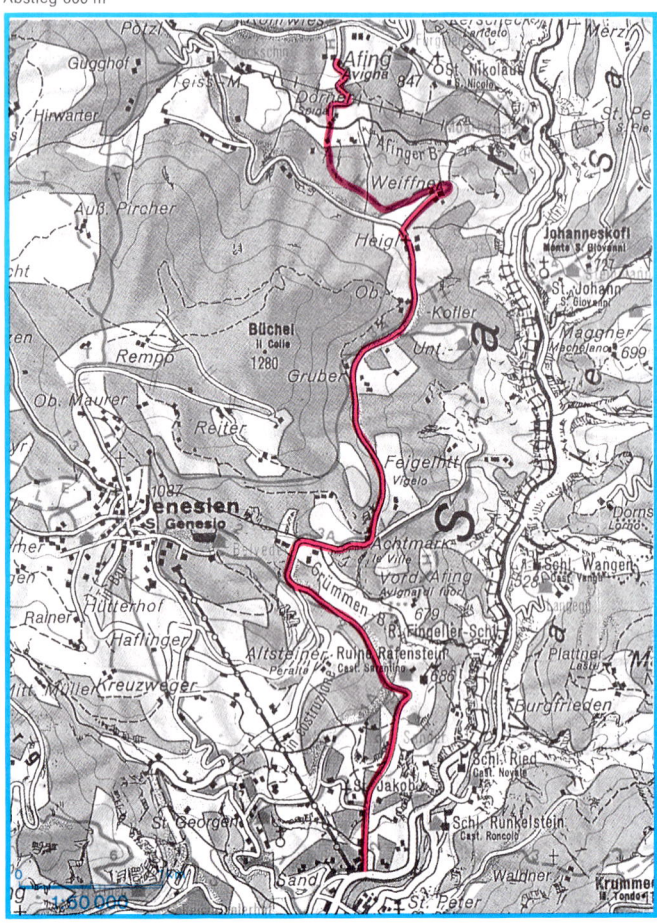

Tourenverlauf: Von der Talstation der Jenesiener Seilbahn benutzen wir den Linienbus ins Sarntal bis zum Moarhäusl (nach dem Tunnel 17 – beim Afinger Bach). Zwischen Haus und Stadel beginnt die Markierung

Ruine Rafenstein mit Ritten

Nr. 3, die ziemlich steil zum Weiler Afing (Gemeinde Jenesien) an der Westseite des Sarntals hinaufführt. In der Nähe der Kirche führt die Markierung H wiederum ins Afinger Bachbett hinab und steigt an der gegenüberliegenden Seite an stattlichen Höfen vorbei bergan auf die Straße. Dieser nur wenig begangenen Straße folgend wandern wir talauswärts, bis nach Querung des Jenesier Baches nach links eine Straße zur Ruine Rafenstein hinabführt. Vom Burghügel bietet sich eine herrliche Sicht auf das Bozener Becken. Entlang der Weingärten steigen wir der steilen Zufahrtsstraße folgend (Nr. 2) bergab und stoßen direkt neben der Talstation auf die Sarntaler Straße.

❾ Wanderung: Oberbozen – Wangen – Sarntal

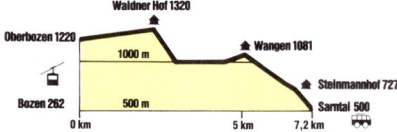

Ausgangspunkt: Oberbozen
Parken: Rittner Seilbahn (Nähe Bahnhof)
Höhenunterschied: 800 m

Wanderzeit: 4½ Std.
Schwierigkeitsgrad: leicht!
Einkehr: Waldner Hof, Wangen, Steinmannhof

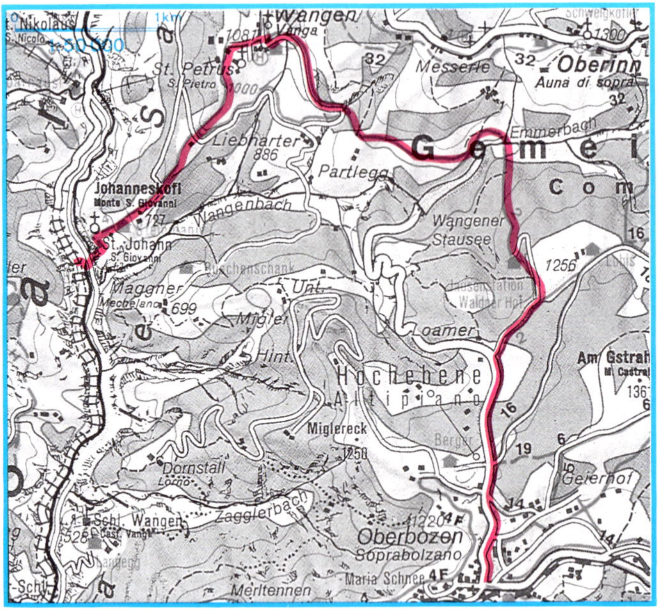

Tourenverlauf: Mit der Rittner Seilbahn fahren wir vom Bozener Kessel nach Oberbozen an, wo wir diese Wanderung starten. Von der Bergstation geradeaus, dann der Straße entlang nach links, bis zwischen Weiher und Geschäft eine schmale Straße nach rechts abzweigt (Nr. 2). Wir folgen dieser, halten uns an der Kreuzung (von Häusern umgeben) links und erreichen einen Parkplatz, von wo wir entlang des Güterweges geradeaus zur Jausenstation Waldner Hof weiterwandern.

Nun gilt es, das Emmersbachtal nördlich des Wangener Stausees zu queren, bis wir auf eine nach Wangen führende Straße stoßen. Von Wangen der Nr. 4 folgend (rechts vom Kirchenbühel vorbei) steigen wir entlang des Rückens hinab in die enge Schlucht am Ausgang des Sarntals. Vom Johanneskofl führt der Steig über eine schmale Brücke an das orographisch rechte Talerufer in der Nähe des Tunnels 14 der Sarntaler Straße (Bushaltestelle). Linienbus nach Bozen.

⑩ Wanderung: Von Oberbozen über Unterinn nach Bozen

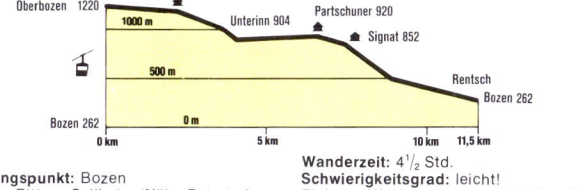

Ausgangspunkt: Bozen
Parken: Rittner Seilbahn (Nähe Bahnhof)
Höhenunterschied: 950 m Abstieg

Wanderzeit: 4¹/₂ Std.
Schwierigkeitsgrad: leicht!
Einkehr: Wolfsgrubensee, Unterinn, Partschuner, Signat, Patscheider, Loosmann

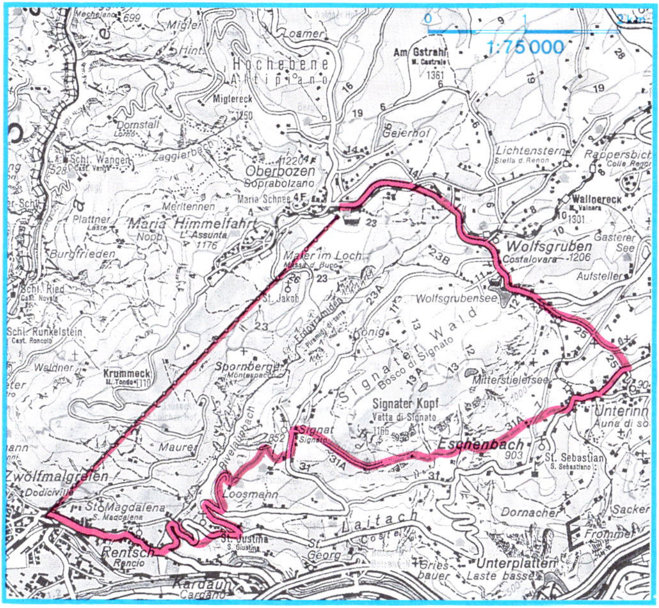

Tourenverlauf: Von der Bergstation auf der Straße nach rechts (Gehsteig) zum Wolfsgrubensee. Am rechten Seeufer bietet sich die Möglichkeit, der Markierung 11 (blau) folgend, direkt zum Signater Kirchsteig abzusteigen. Wir marschieren weiter entlang der Straße am Wolfsgrubner See vorbei, bis die Nr. 25 nach Unterinn abzweigt. Von Unterinn 500 m entlang der Rittner Straße folgend bergab, bis an der Brücke die Nr. 31 zwischen 2 Häusern nach rechts abzweigt. Nördlich der auf einem glazial geschliffenen Felsrücken erbauten Kirche von Eschenbach vorbei queren wir entlang des Signater Kirchensteiges den Südabhang des Rittner Plateaus nach Signat. Umgeben von Edelkastanienhainen und Weingärten der Nr. 5 folgend, zum Teil auf dem Fahrweg nach St. Justina, und über Rentsch (Nr. 1,5) nach Bozen.

⑪ Wanderung: Klobenstein – Siffian – Unterinn

Ausgangspunkt: Klobenstein am Ritten
Parken: Klobenstein
Höhenunterschied: 400 m
Wanderzeit: 2 Std.
Schwierigkeitsgrad: leicht!
Einkehr: Oberstein, Siffian, Unterinn

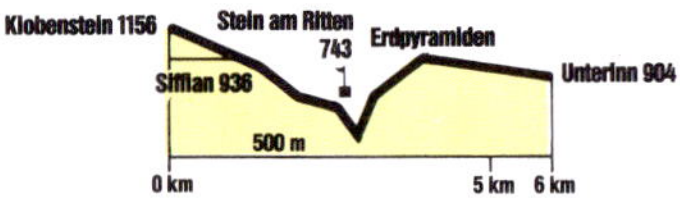

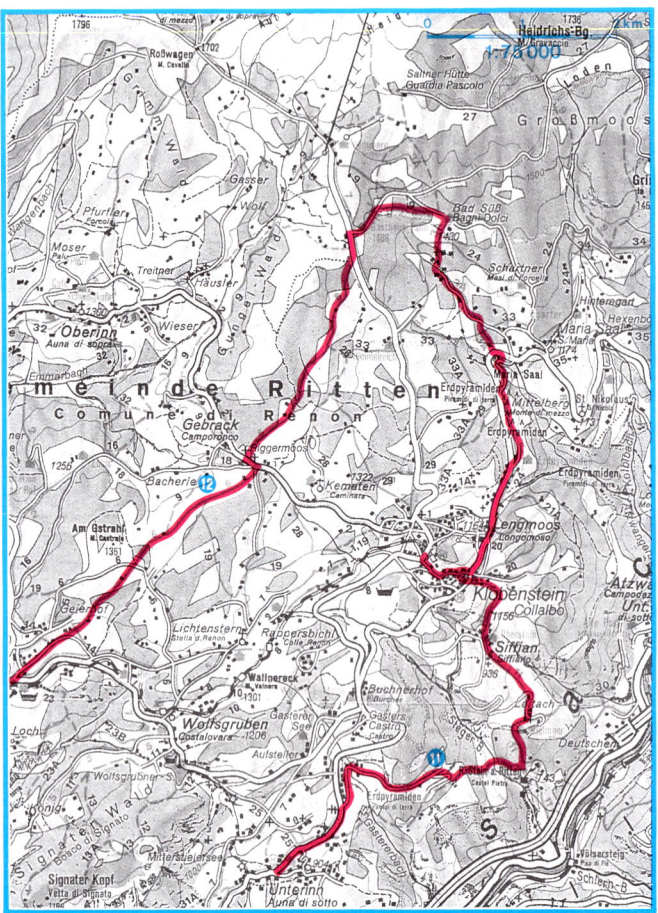

Tourenverlauf: Von Klobenstein an der Kirche vorbei zum Hotel Post. Von dort führt die Markierung 11 rechts an der Konditorei Lintner vorbei bergab zum Gasthof Obersteiner. Am Gasthof rechts vorbei, auf zum Teil verwachsenem Weg hinunter nach Siffian – malerischer Anblick des Kirchleins mit dem Schlern und den vorgelagerten Dörfern im

Hintergrund. An der Kirche vorbei der Straße entlang bergab, bis diese bei den nächsten Gehöften (Leitach) endet. Der Nr. 11 folgend, geradeaus in die Wiese und schließlich nach rechts, Richtung Burgruine Stein am Ritten, bis wir eine Weggabelung erreichen. Dort folgen wir dem nach rechts abzweigenden Steig nach Unterinn, der sich in ein tiefes Bachbett schlängelt, um auf der gegenüberliegenden Seite wieder zu den Bauernhöfen aufzusteigen. Nun gilt es noch, den Gasterer Bach (Erdpyramiden) zu queren (Zufahrtstraße), um nach Unterinn zu gelangen, von wo wir per Anhalter das in Klobenstein geparkte Auto erreichen.

⑫ Wanderung: Oberbozen – Riggermoos – Bad Süß – Erdpyramiden – Klobenstein

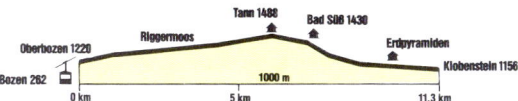

Ausgangspunkt: Bozen
Parken: Rittner Seilbahn (Nähe Bahnhof)
Höhenunterschied: 320 m
Wanderzeit: $4^{1}/_{2}$ Std.

Schwierigkeitsgrad: leicht!
Einkehr: Gasthof Tann, Bad Süß, Maria Saal, Erdpyramiden
Karte: siehe Seite 34

Tourenverlauf: Wir benutzen von Bozen aus die Seilbahn nach Oberbozen. Von der Bergstation geradeaus auf die Straße, dann nach links, bis kurz vor dem Weiher eine Nebenstraße nach rechts bergauf führt. Entlang dieser Schotterstraße erreichen wir eine Kreuzung, wo wir zwischen den Wohnhäusern hindurch (Nr. 6) auf einen Wiesenweg gelangen, der schließlich in einen Waldweg übergeht. Durch die Wälder der Rittner Hochfläche, immer Nr. 6 folgend, am Gaseracker, einem geschützten Biotop, vorbei, queren wir die von Klobenstein nach Oberinn führende Fahrstraße. Weiter durchs Riggermoos und den Gunglwald erreichen wir ohne nennenswerte Steigung nach 2stündiger Wanderzeit das Gasthaus Tann. Vom Parkplatz dieser Gaststätte zweigt der zum Bad Süß führende Weg Nr. 8 nach rechts ab. Von dort zwischen Haus und Stadel durch die Wiese hinunter zum Wolfrainerhof. Nun folgen wir dem Güterweg, verlassen diesen jedoch schon bald nach rechts und folgen weiter der Markierung 3 A, die an der Straße Klobenstein – Lengenstein, westlich von Maria Saal, endet. Von Bad Süß kann auch der Nr. 8 folgend nach Maria Saal abgestiegen werden. Wir folgen der Straße Richtung Klobenstein, bis vor der Brücke die Nr. 24 (blau) abzweigt und unterhalb der Straße – mit beeindruckendem Blick auf die berühmten Erdpyramiden mit der St. Nikolaus Kirche von Mittelberg und dem mächtigen Schlernmassiv im Hintergrund – zum Gasthof »Erdpyramiden« führt. Von dort der Straße entlang über Lengmoos nach Klobenstein, von wo wir die Bahn nach Oberbozen benutzen und mit der Seilbahn wieder nach Bozen, dem Ausgangspunkt dieser idealen Familienwanderung, zurückkehren.

⑬ Wanderung: Oberinn – Roßwagen – Tann – Oberinn

Ausgangspunkt: Ritten/Oberinn
Parken: bei der Kirche
Höhenunterschied: 400 m
Wanderzeit: 3 Std.
Schwierigkeitsgrad: leicht!
Einkehr: Pemmern, Gasthof Tann

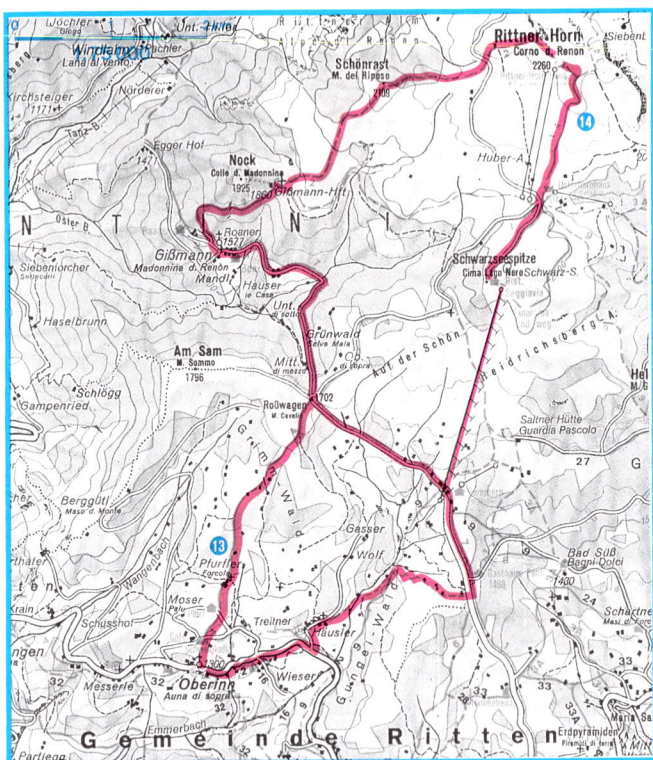

Tourenverlauf: Von Bozen angenehm ansteigend windet sich die Straße von Rentsch über Unterinn nach Klobenstein und von dort nach Oberinn (Richtung Wangen–Sarntal). Gegenüber der Kirche, an der Schule vorbei, führt die Markierung Nr. 4 zum Brugger und von dort auf unbeschwerlichem, leicht ansteigendem Wiesenweg durch die für den Ritten typische Wald- und Wiesenlandschaft zum Roßwagen. Der nach Gißmann führenden Straße entlang nach rechts Richtung Pemmern und weiter zum Gasthof Tann. Nach weiteren 100 Metern entlang der Straße (Waldbeginn) zweigt an einem Gitter der nach Oberinn führende Steig Nr. 10 nach rechts ab. Auf weichem Waldboden zum Emmersbach und weiter am Häusler vorbei geht es nach Oberinn.

Hofgruppe bei Oberinn am Ritten

14 Bergwanderung: Pemmern – Rittner Horn, 2.260 m – Gißmann – Pemmern

Ausgangspunkt: Ritten
Parken: Pemmern/Sessellift Talstation
Höhenunterschied: 720 m
Wanderzeit: 3½ Std.

Schwierigkeitsgrad: leicht!
Einkehr: Unterhornhaus, Rittner-Horn-Haus, Gißmann
Karte: siehe Seite 36

Tourenverlauf: Von Pemmern (über Klobenstein erreichbar) benutzen wir den Panoramalift zur Schwarzseespitze. Von dort dem planetrierten Weg folgend zum Unterhornhaus und über Almwiesen (Nr. 1) in ca. 30 Minuten Wanderzeit aufs Rittner Horn. Von dem weit gegen Süden vorgeschobenen Gipfel der Sarntaler Alpen bietet sich ein großartiges Panorama von den Bergketten um den Gardasee bis zu den Zentralalpen, vom Ortler bis weit in die Dolomiten. Besonders schön ist der Blick auf den benachbarten Schlern und die Seiser Alm. Vom Rittner-Horn-Haus Nr. 2 folgend entlang des nach Südwesten abfallenden Rückens über weite Almwiesen zur unbewirtschafteten Gißmannhütte und durch den Wald nach Gißmann. Von der kleinen 1749 erbauten Kirche entlang der Fahrstraße über Roßwagen zurück zur Talstation des Sesselliftes.

15 **Bergwanderung:** Barbian – Rittner Horn, 2.260 m – Barbian

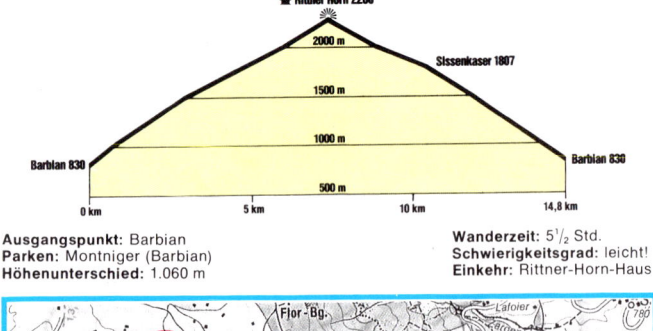

Ausgangspunkt: Barbian
Parken: Montniger (Barbian)
Höhenunterschied: 1.060 m

Wanderzeit: 5$^1/_2$ Std.
Schwierigkeitsgrad: leicht!
Einkehr: Rittner-Horn-Haus

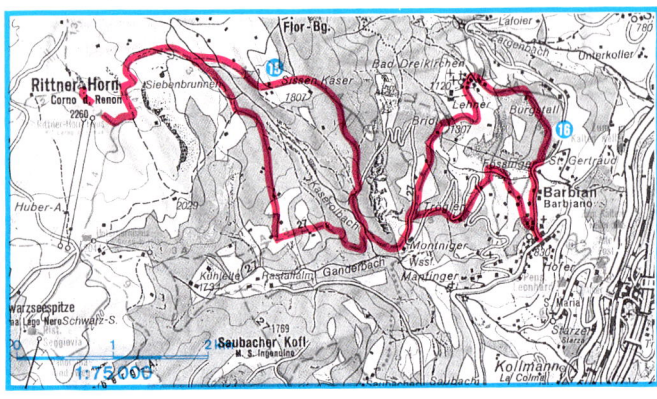

Tourenverlauf: Von Waidbruck aus führt eine Straße nach Barbian. An der Kirche vorbei nach links, Richtung Saubach, zweigt vor Erreichen des Ganderbaches eine Straße nach rechts ab und führt in mehreren Kehren zu den hochgelegenen Bergbauernhöfen. Der Markierung 3 folgend wandern wir entlang eines Pflasterweges ins Kaserbachtal, queren den Bach und steigen entlang des Waldes zu den ersten Almhütten auf. Über die Nigglalm, an der Latschenbrennerei vorbei, kommen wir entlang sanfter Almwiesen und erfrischender Bächlein dem Rittner Horn immer näher. Je höher wir steigen, desto mächtiger erscheint der Schlern auf der gegenüberliegenden Seite des Eisacktals. Nach Zusammentreffen mit dem von Villanders kommenden Weg Nr. 4 wandern wir entlang des linken Berghanges über dichte Latschenbestände zum Rittner-Horn-Haus, am höchsten Punkt des Gipfelaufbaus. Aus der idyllischen Almlandschaft kommend, werden wir nun mit der von der Technik beeinflußten Landschaft (Schlepplift und Skipisten) konfrontiert. Beim Abstieg folgen wir der Aufstiegsroute bergab, bis ein Hinweisschild nach Erreichen der ersten Föhren (Zaun) den Weg nach Dreikirchen andeutet. Entlang der Barbianer Almen und durch den Wald zum Huberkreuz und rechts ab ins Kaserbachtal.

Rittner-Horn-Haus

16 **Wanderung:** Barbian – Bad Dreikirchen – Briol – Barbian

Ausgangspunkt: Barbian
Parken: Barbian
Höhenunterschied: 480 m
Wanderzeit: 2½ Std.
Schwierigkeitsgrad: leicht!
Einkehr: Bad Dreikirchen, Briol
Karte: siehe Seite 38

Tourenverlauf: Von Barbian entlang der Villanderer Straße, bis nach Querung des Baches beim Gehöft hinter der Pension Oberpallwitter die Markierung 8 A nach links abzweigt. Dem Waldweg folgend, erreichen wir nach 30 Minuten Wanderzeit Bad Dreikirchen mit Blick in den Klausener Talkessel. Drei kleine eng aneinandergebaute Kirchen (St. Nikolaus, St. Gertrud, St. Magdalena) geben dem früher »Wald« benannten Ort seinen heutigen Namen. Ca. 50 m vor den drei Kirchen zweigt der Weg Nr. 4 nach links ab und führt in gleichmäßiger Steigung zum Gasthof Briol. Entlang der Front des Hauses führt die Markierung 27 (blau) nach links, quert die Stangenwiesen und mündet schließlich in einem Güterweg. Diesem folgend bergab, oder weiter durch den Stangenwald querfeldein (50 m entlang des Güterweges bergauf setzt die Markierung 27 nach links fort), bis wir auf den Pflasterweg (Nr. 3) gelangen. An mehreren Bergbauernhöfen vorbei bergab nach Barbian.

17 Wanderung: Bauernkohlern – Herrenkohlern – Totes Moos – Schneiderwiesen – Bauernkohlern

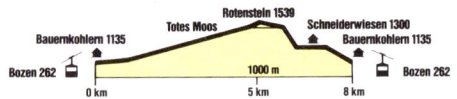

Ausgangspunkt: Bozen
Parken: Bozen/Talstation Seilbahn Kohlern
Höhenunterschied: 400 m

Wanderzeit: 3½ Std.
Schwierigkeitsgrad: leicht!
Einkehr: Schneiderwiesen, Klaus

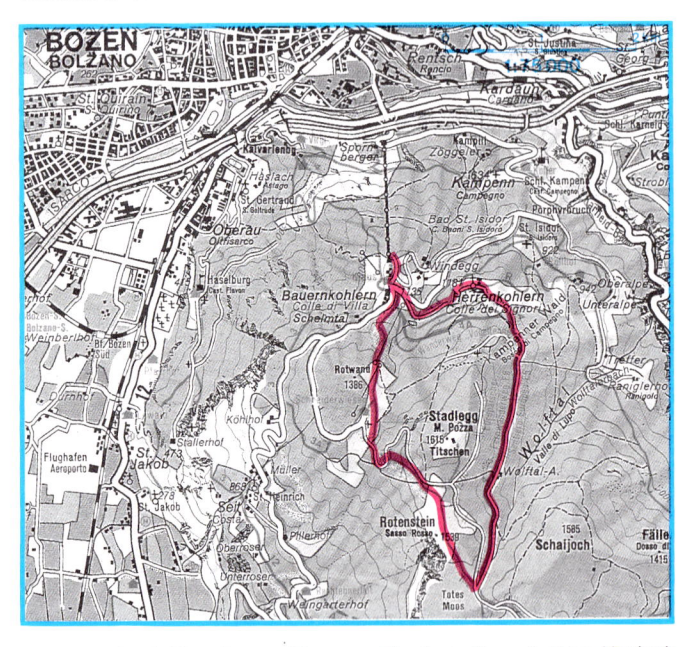

Tourenverlauf: Von Bozen (Brenner Staatsstraße zwischen Haslach und Kardaun) führt sowohl eine Straße als auch eine Seilbahn zu der 900 m südöstlich hoch über Bozen liegenden Siedlung Bauernkohlern. Bauernkohlern und östlich davon Herrenkohlern war neben dem Ritten ein sehr beliebtes Sommererholungsgebiet der Bozner Bürger. Von diesen aussichtsreichen Siedlungen führt ein Waldwanderweg rund um den Titschen, der höchsten Erhebung des Kohlerer Berges. Von der Bergstation geradeaus der Fahrstraße entlang, bis noch vor dem Gasthaus Klaus in der Rechtskurve die Markierung Nr. 4 (E 5) nach links abzweigt. Entlang eines Güterweges erreichen wir in knappen 30 Minuten Herrenkohlern mit einmaligem Blick auf das Rittner Plateau und dem Tschöggelberg. Von dort führt eine Forststraße fast eben ins Wolftal bis zum Toten Moos. Weiter durch den Wald, rechts ab, Nr. 1 folgend, zu den Schneiderwiesen und zurück nach Bauernkohlern.

Völs am Schlern ▶

**Schlern
Langkofel
Seiser Alm**

Schlern – Langkofel – Seiser Alm

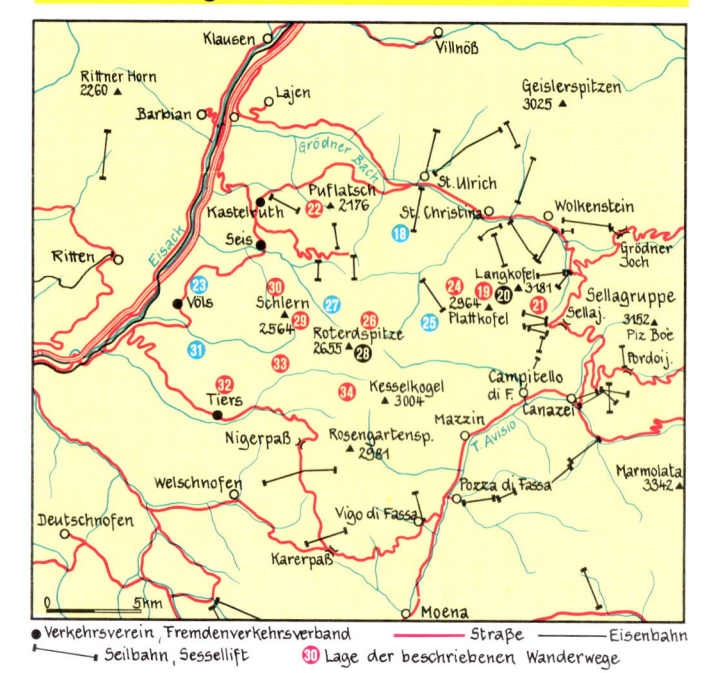

● Verkehrsverein, Fremdenverkehrsverband ——— Straße ——— Eisenbahn
↦ Seilbahn, Sessellift   ㉚ Lage der beschriebenen Wanderwege

Ortsbeschreibungen:

KASTELRUTH

Gemeinde, Provinz Bozen, Einwohnerzahl: 5600, Seehöhe: 1.060 m, Postleitzahl: I-39040.
Auskunft: Tourismusverein Kastelruth. **Bahnstation:** Klausen (11 km). Busverbindung mit Bozen und Klausen.
Bergbahn: Sessellift.

Kastelruth, bereits in vorgeschichtlicher Zeit besiedelt, später römisches Kastell, war bis ins 14. Jahrhundert ladinisch. Heute ist der malerische Ort mit seinen engen Gassen, stattlichen alten Häusern und einem schönen Dorfplatz mit Brunnen, der vom mächtigen, freistehenden Kirchturm überragt wird, eines der anziehendsten und meistbesuchten Fremdenverkehrszentren im weiteren Bereich von Seiser Alm und Schlern. Die unzähligen Wanderungen und Touren, die in der näheren und weiteren Umgebung den Gast erwarten, sind voll unvergeßlicher Naturstimmungen, die stets der herrliche Ausblick auf Schlern und Grödener Dolomiten begleitet.

Sehenswert

Pfarrkirche, 1191 erwähnt, 1846 neu aufgeführt, Turm 1753; schöner Friedhof. – **Rätische** Kultstätte und Fundstätte römischer Münzen oberhalb der Seiser Alm. – Kirche **St. Valentin,** 1244 erbaut, im 14. und

Kastelruth mit Santner Spitze

15. Jh. umgebaut, interessante Fresken (14. Jh.) mit der Santner Spitze im Hintergrund der Heiligengruppe, von einem veronesischen Maler; Altarfiguren im Pfarrhaus.

SEIS am Schlern

Dorf der Gemeinde Kastelruth, Provinz Bozen, Seehöhe: 994 m, Postleitzahl: I-39040. **Auskunft**: Tourismusverein Seis am Schlern. **Bahnstationen**: Bozen (22 km) und Klausen (13 km). Busverbindung mit Bozen und Klausen und auf die Seiser Alm.

Wo vor wenigen Jahrzehnten nur einige Bauernhöfe standen, befindet sich heute einer der bedeutendsten Tourismusorte Südtirols, Seis. Der zur Gemeinde Kastelruth gehörende Ort liegt unterhalb der Seiser Alm und der Santner Spitze, jenem wie ein gestreckter Finger zum Himmel aufragenden Dolomitenturm vor dem Schlernmassiv. Mit annähernd 52 Quadratkilometern Ausdehnung ist die Seiser Alm die größte und vielleicht schönste Alpe Europas, die allerdings von ihrem ursprünglichen Reiz durch die Flut von Hotels und Gastbetrieben in jüngster Zeit etwas verloren hat. Der paradiesische Landstrich zog seit je auch Maler und Dichter an. Auf der Burg Hauenstein verbrachte der große spätmittelalterliche Dichter Oswald von Wolkenstein (etwa 1377–1445) mit seiner Familie nach den Abenteuern seiner Fahrten den Lebensabend. Der Südtiroler Lyriker, Dichter und Maler Hubert Mumelter lebte im nahen St. Konstantin, während der bekannte Portraitist Oskar Wiedenhofer seinen Wohnsitz in Seis hatte.

Sehenswert
Alte **Seiser Kirche,** 1244 erwähnt. – Neue Pfarrkirche. – **Ober-** und **Unterwirt,** alter Tiroler Baustil. – Ruine **Hauenstein.** – Ruine **Salegg,** lohnender Einblick in die Felsenwelt des Schlern. – **St. Valentinskirchlein,** 1244 erbaut, im 14. und 16. Jh. umgebaut, Turmhaube 1811, interessante Fresken (14. Jh.) mit der Santner Spitze im Hintergrund der Heiligengruppe von einem veronesischen Meister, Altarfiguren im Pfarrhaus. – Hexensessel am Puflatsch. – Kirchlein **St. Vigil. – Rätische Kultstätte** und Fundstätte röm. Münzen oberhalb der Seiser Alm. – Mineralienablagerungen an der »Frommen Lahn«. – **Ruine Aichach.** – Völser Weiher.

TIERS

Gemeinde, Provinz Bozen, Einwohnerzahl: 850, Seehöhe: 1.028 m, Postleitzahl: I-39050.
Auskunft: Tourismusverein Tiers. **Bahnstation:** Blumau (8 km). Busverbindung mit Bozen und zum Karer Paß.

Tiers ist die einzige Dorfgemeinde des Tierser Tales. Der Rosengarten mit seinen Vajolettürmen und der Grasleitenspitze als großartige Kulisse, im Vordergrund das vom lichten Grün der Hangwiesen sich weiß abhebende Dorf mit dem rot leuchtenden Zwiebelturm seiner Kirche haben unzähligen Malern und Fotografen als Motiv gedient. Schon in frühester Zeit war das Tal besiedelt. Urkundlich kam die Niederlassung 999 an das Freisinger Bistum, 1257 bestand bereits eine Kirche. Die Adelssitze Völsegg und Gauenberg waren zeitweise auch Gerichtssitze. Der Sage nach zählte das Tal einstmals bedeutend mehr Bewohner. Murbrüche, vor allem aber die Pest, vernichteten die einstigen Siedlungen. Das St.-Cyprian-Kirchlein am oberen Talende soll die frühere Pfarre gewesen sein.

Sehenswert
Die **Pfarrkirche** zum hl. Georg; Turm 1257, jetzt erhöht; Chor 1487; der **Friedhof** mit den Gräbern abgestürzter Bergsteiger. – Die malerisch gelegene **Pestkapelle** zum hl. Sebastian, 1635 neu errichtet zur Erinnerung an die 124 von der Pest hingerafften Talbewohner; Maria mit dem Jesuskind, 13. Jh., und St. Sebastian, 17. Jh., zur Zeit sichergestellt. – Das **St.-Cyprian-Kirchlein,** spätrom., 1583 erneuert, mit verblichenem Fresko, die wertvollen Altarskulpturen wurden gestohlen, herrliche Lage. – **Wolfsgrube,** einstmalige Raubtierfanggrube im Nigerwald. – Das **Tschamintal** mit Bad Weißlahnbad, magnesium- und schwefelhaltige Quellen. – **Tschaminer Klamm.**

St. Cyprian bei Tiers mit Vajolettürmen

VÖLS am Schlern

Gemeinde, Provinz Bozen, Einwohnerzahl: 2650, Seehöhe: 880 m, Postleitzahl: I-39050. **Auskunft**: Tourismusverein Völs am Schlern. **Bahnstation**: Bozen (16 km). Busverbindung mit Bozen.

Völs am Schlern und seine nächste Umgebung reichen von den Felsen und Hochweiden des Schlernmassivs bis zu den Weinbaugebieten in den südlichen Gemarkungen. Dazwischen breiten sich sonnige Wiesen und Weiden und kühle Wälder, nicht zu vergessen auch der idyllische, mit Seerosen bewachsene, Völser Weiher. Wie fast überall im bodenständig-bäuerlichen Tirol, so werden auch in der Landschaft am Schlern noch heute die schönsten Volkstrachten getragen.

Sehenswert
Pfarrkirche Völs. – Kirche in **St. Konstantin.** – Kirche **St. Peter. – Völser Weiher.**

Wanderungen und Bergtouren im Gebiet Schlern – Langkofel – Seiser Alm

18 **Wanderung:** St. Ulrich – Seiser Alm – Pufels – St. Ulrich

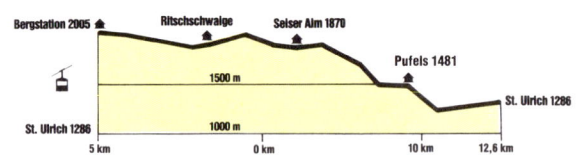

Ausgangspunkt: St. Ulrich
Parken: Talstation Seilbahn Seiser Alm
Höhenunterschied: 900 m Abstieg, 100 m Aufstieg

Wanderzeit: 4 Std.
Schwierigkeitsgrad: leicht!
Einkehr: Ritschschwaige, Hotel Panorama, Compatsch

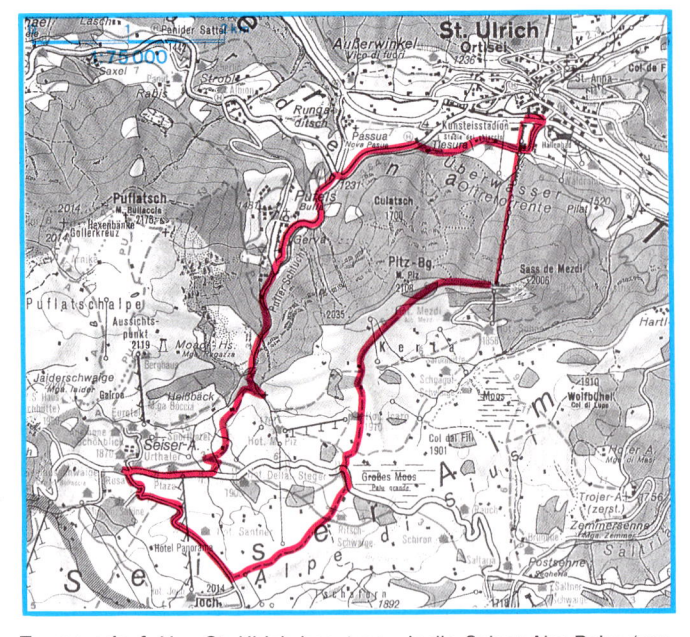

Tourenverlauf: Von St. Ulrich benutzen wir die Seiser Alm Bahn (von der Hauptstraße nach rechts abbiegen – Eisstadion) um von Gröden auf die Hochfläche der Seiser Alm zu gelangen. Dort folgen wir den Wegweisern Richtung Compatsch, bis wir nach erfolgtem Abstieg am Großen Moos auf die Fahrstraße Compatsch – Saltria stoßen. Um vor dem Abstieg nach Pufels (am Hotel M. Piz vorbei, Nr. 3) die sanfte Almlandschaft weiter zu genießen, wandern wir weiter zur Ritschschwaige und von dort über hügeliges Gelände mit einmaligem Rundblick über die riesigen Flächen der Seiser Alm, leicht ansteigend, zum Joch mit

Seiser Alm mit Santnerspitze

dem Hotel Panorama (Nr. S). Kurz vor dem Joch stoßen wir auf einen Güterweg, der nach Compatsch hinabführt. Von dort folgen wir der Straße Richtung Saltria, bis die Nr. 3 nach links abzweigt und nach Erreichen der Forststraße in die Pufler Schlucht hinabführt. Von Pufels entlang der alten Fahrstraße bergab, stoßen wir nach anstrengendem Abstieg auf die Fahrstraße St. Ulrich – Kastelruth. Dieser folgen wir nach rechts, bis ein Hinweisschild den Waldweg nach St. Ulrich anzeigt.

⑲ Rundwanderung: Monte Soura – Langkofelhütte – Confinböden – Monte Pana

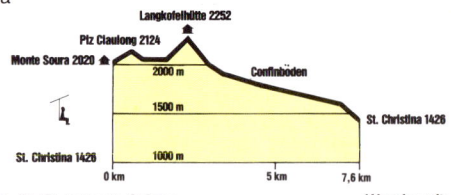

Ausgangspunkt: St. Christina in Gröden
Parken: Monte Pana
Höhenunterschied: 300 m Aufstieg, 615 m Abstieg

Wanderzeit: 3 Std.
Schwierigkeitsgrad: mittel!
Einkehr: Langkofelhütte

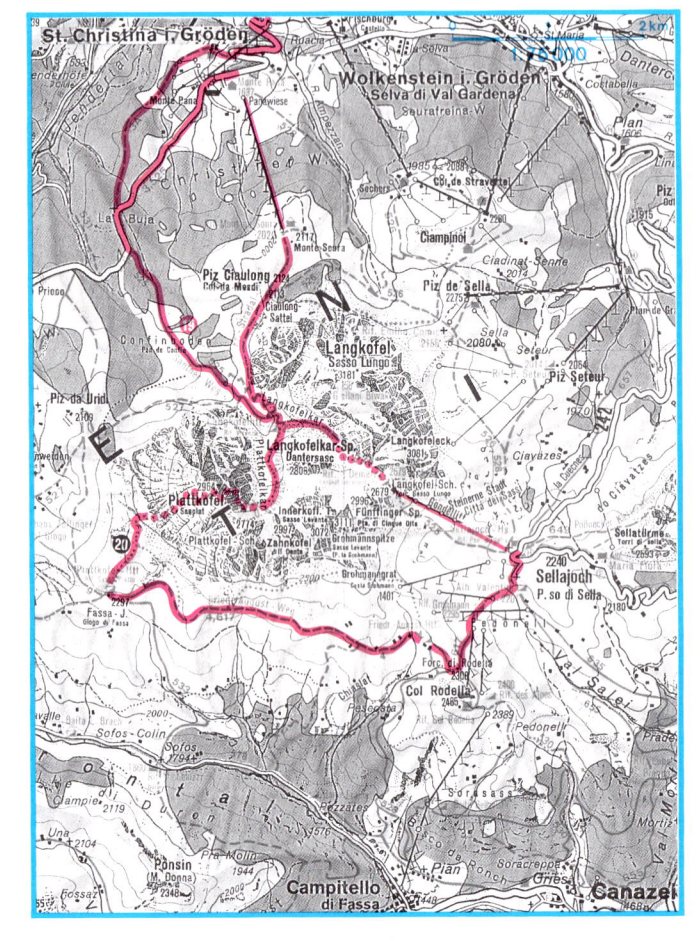

Tourenverlauf: Von St. Christina in Gröden führen sowohl eine Straße als auch ein Sessellift zum Monte Pana am Fuße des Langkofels (Parkgelegenheit). Rechts vom Hotel Monte Pana befindet sich die Talstation des Sesselliftes zum Monte Soura, dessen Beanspruchung uns den Anstieg erleichtert. Vom Monte Soura wandern wir, immer am Hügel bleibend, den Wänden des Langkofels entgegen, bis der Steig (Nr. 526) nach einigen Metern Abstieg vom Piz Ciaulong nach rechts quert und schließlich durchs Langkofelkar (zwischen Plattkofel und Langkofel) zur Langkofelhütte emporführt. Von der Langkofelhütte steigen wir der Nr. 525 folgend (Santnersteig) durchs Kar zu den Confinböden ab, queren den Wald nach rechts, bis wir schließlich auf eine Schotterstraße stoßen, die nach 2,5 km am Monte Pana endet. Diejenigen, die das Auto in St. Christina geparkt haben, können diese Schotterstraße meiden, indem sie den Fußweg links nach St. Christina (3 A) benutzen.

⑳ Klettersteig: Langkofelscharte – Oskar-Schuster-Steig (Klettersteig) – Plattkofel, 2.964 m – Plattkofelhütte – Sellajoch

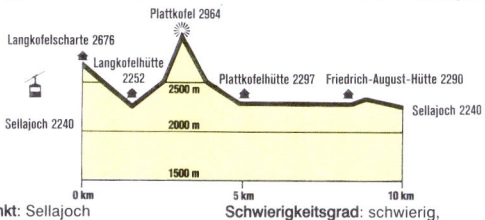

Ausgangspunkt: Sellajoch
Parken: Sellajoch/Gondellift Langkofelscharte
Höhenunterschied: 715 m
Wanderzeit: 6 Std.

Schwierigkeitsgrad: schwierig, Klettersteigerfahrung notwendig!
Einkehr: Toni-Demetz-Hütte, Langkofelhütte, Plattkofelhütte, F.-August-Hütte
Karte: siehe Seite 48

Tourenverlauf: Wir ersparen uns cirka 500 Höhenmeter, indem wir den Gondellift zur Langkofelscharte benutzen. Jenseits der 2.676 m hohen Langkofelscharte führt der mit Nr. 525 versehene Steig zwischen Blockgewirr und hohen Felswänden hinab zur Langkofelhütte, 2.252 m. An den Wänden der Langkofelkarspitze vorbei durchs Plattkofelkar führt der Weg über Geröll ziemlich steil zum Felseinstieg (oft Schneefeld). Genau den Markierungsflecken folgend steigen wir entlang des nicht ungefährlichen Oskar-Schuster-Steiges über kleine Risse, Geschröf und schmale Bänder, teilweise mit Drahtseilen versehen, bis zur Ausstiegsscharte. Nun den Kamm entlang zum aussichtsreichen Gipfel. Die Rundsicht reicht von der Seiser Alm, Schlernmassiv und Marmolada bis hin zu den vergletscherten Gipfeln des Alpenhauptkammes. Die senkrechten Wände des Langkofels bilden den Höhepunkt. Auf Steigspuren gehts nun die nach Süden geneigte schottrige Riesenplatte bergab zur Plattkofelhütte. Von hier schlängelt sich der Friedrich-August-Weg am Fuße der Südwände von Zahnkofel, Innerkofler Turm und Grohmannspitze ohne nennenswerte Steigung zur Friedrich-August-Hütte und weiter zur Rodellascharte, von wo wir über Wiesenmatten wieder zum Sellajoch zurückkehren.

21 Rundwanderung: Rund um den Langkofel

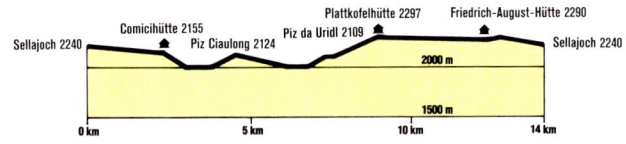

	Comicihütte 2155		Plattkofelhütte 2297	Friedrich-August-Hütte 2290	
Sellajoch 2240		Piz Ciaulong 2124	Piz da Uridl 2109		Sellajoch 2240

0 km — 5 km — 10 km — 14 km

Ausgangspunkt: Sellajoch
Parken: Sellajochhaus
Höhenunterschied: 300 m

Wanderzeit: 6 Std.
Schwierigkeitsgrad: mittel!
Einkehr: Comicihütte, Langkofelhütte, Plattkofelhütte, Friedrich-August-Hütte

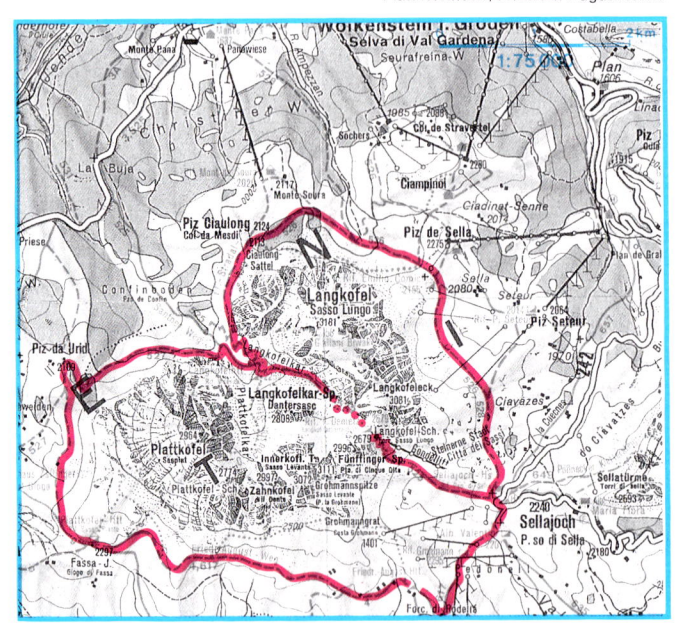

Tourenverlauf: Am Fuße der steil abfallenden Wände von Langkofel, Plattkofel, Grohmannspitze und Fünffingerspitze führt diese Wanderung mit beeindruckendem Panorama (vom Sellastock zur Geislergruppe, von den Roßzähnen zum Schlernmassiv bis hin zur Marmolada) rund um die Langkofelgruppe, einem der erhabensten Felsmassive der Dolomiten. Einige Meter unter dem Sellajochhaus zweigt der Steig Nr. 526 nach orographisch links ab (kleiner Stadel) und führt durch das Blockgewirr der »Steinernen Stadt«. Nun werden einige Skilifte am Fuße der Nordostwände des Langkofels gequert, bis wir das Schutzhaus Comici (kurz unterhalb der Bergstation Piz de Sella) erreichen. Nun steigen wir ein Stück in den Talkessel ab, queren dessen Schutthalden und erreichen nach kurzer Steigung den Piz Ciaulong. Nach einigen Metern Abstieg wandern wir weiter Richtung Langkofelhütte, bis

Am Sellajoch

wir am Fuße des Langkofelkars auf den sich im Zickzack emporwindenden Steig stoßen. Hier steht es nun jedem frei, zur Langkofelhütte aufzusteigen und wieder zum Ausgangspunkt zurückzukehren oder direkt weiterzuwandern. Nach Querung der Schutthalden folgen wir dem Steig am Fuße des Plattkofels, der zuerst flach, dann leicht ansteigend über den Piz da Uridl zur Plattkofelhütte führt (immer links bleiben, gut beschildert – Nr. 527). Von dort entlang des Friedrich-August-Weges ohne nennenswerte Höhendifferenz zur Friedrich-August-Hütte und weiter zur Rodellascharte. Über Almwiesen in mäßigem Gefälle zurück zum Sellajoch, wo wir die lange, doch lohnende Runde schließen.

22 Wanderung: Kastelruth – Puflatsch, 2.176 m

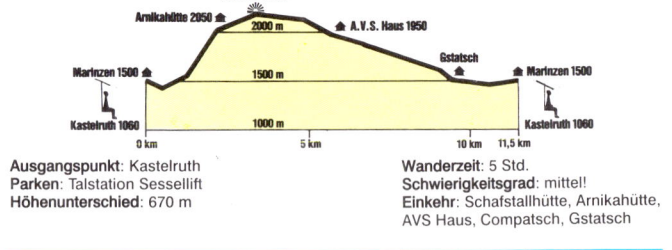

Ausgangspunkt: Kastelruth
Parken: Talstation Sessellift
Höhenunterschied: 670 m

Wanderzeit: 5 Std.
Schwierigkeitsgrad: mittel!
Einkehr: Schafstallhütte, Arnikahütte, AVS Haus, Compatsch, Gstatsch

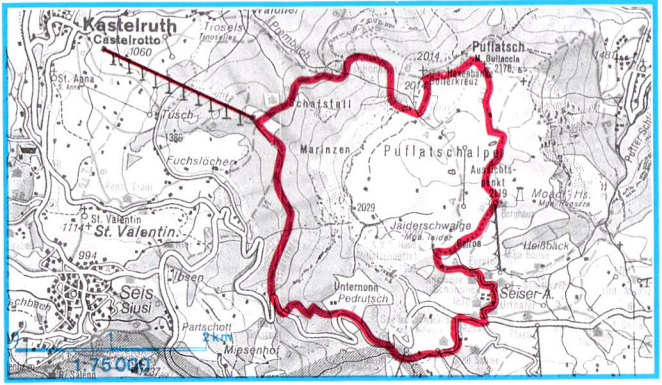

Tourenverlauf: Von Kastelruth benutzen wir den Sessellift nach Marinzen. Von der Bergstation wandern wir der Nr. 9 folgend flach nach links zur Schafstallhütte. Dort stoßen wir am rechten Wiesenrand auf die von Kastelruth kommende Markierung Nr. 8, die durch den Wald zur Tschonaduihütte emporführt. Auf immer steiler werdendem Steig, durch zum Teil wild verwachsenes Gelände, steigen wir dem Hochplateau der Puflatschalpe am Nordwestrand der Seiser Alm entgegen. Nach anstrengendem Aufstieg nun flach nach links zur Arnikahütte. Ohne nennenswerte Höhendifferenz wandern wir von dort über die Hexenbänke zum Puflatsch, 2.176 m. Von der weiten, mit Heuhütten übersäten Almlandschaft bieten sich dem Wanderer beeindruckende Tiefenblicke. Der Markierung PU folgend, queren wir die Hochfläche zur Bergstation des Sesselliftes und steigen von dort, am AVS Haus vorbei, hinab auf die Seiser Alm. Am Parkplatz vorbei hinunter zur Talstation des Sesselliftes Spitzbühel und weiter, der Markierung Nr. 4 folgend, Richtung Seis bis zum Gasthof Gstatsch. Von dort der Straße entlang, bis in der höher gelegenen Kehre die Markierung 10 abzweigt und meist durch den Wald nach Marinzen (Bergstation des Sesselliftes) zurückführt. Besonders im Frühsommer lohnt diese Familienwanderung durch ihre blühenden Wiesen.

㉓ Wanderung: Von Kastelruth nach Völs am Schlern

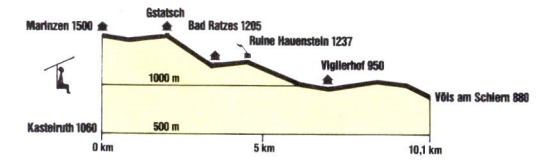

Ausgangspunkt: Kastelruth
Parken: Talstation Sessellift
Höhenunterschied: 620 m Abstieg

Wanderzeit: 4 Std.
Schwierigkeitsgrad: leicht!
Einkehr: Gstatsch, Bad Ratzes, Vigilerhof, Waldsee

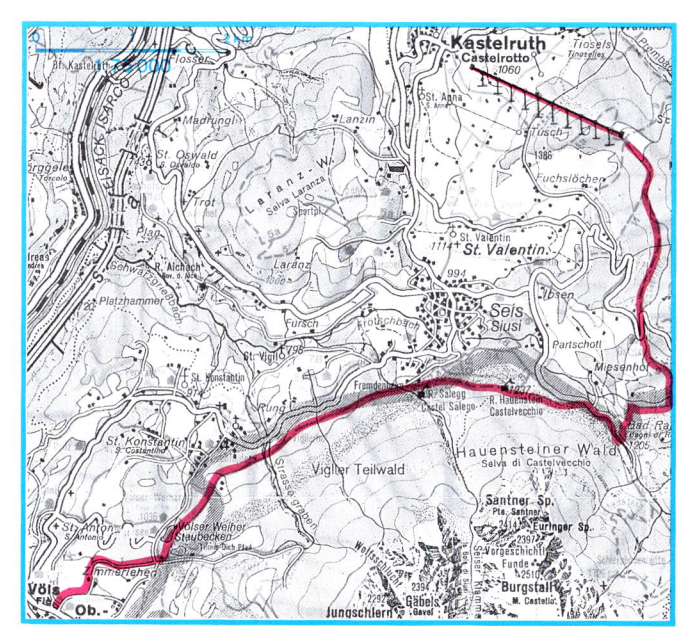

Tourenverlauf: Wir benutzen den Sessellift nach Marinzen und wandern von dort nach rechts, der Nr. 10 folgend, zum Gasthof Gstatsch, von wo nach Querung der Straße in der ersten Kehre nach dem Gasthof die Markierung Nr. 9 nach Bad Ratzes hinabführt. Dort wandern wir taleinwärts, bis eine Brücke den Frötschbach quert und die Markierung Nr. 3 durch den Wald zur Ruine Hauenstein führt. Weiter an der Ruine Salegg vorbei, queren wir die Wälder am Fuße der Steilabfälle des Schlernmassivs, bis wir den Völser Weiher erreichen (Nr. 2).
Am Ende des Sees, am Hotel Waldsee vorbei, folgen wir der Markierung Nr. 1, die geradeaus, einer schmalen Straße folgend, nach Völs hinunterführt (Busverbindung nach Kastelruth).

24 Bergtour: Saltria – Plattkofel, 2.954 m

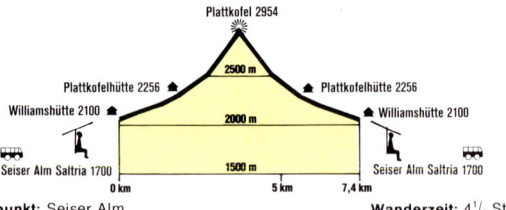

Ausgangspunkt: Seiser Alm
Parken: Compatsch
Höhenunterschied: 950 m

Wanderzeit: 4 1/2 Std.
Schwierigkeitsgrad: mittel!
Einkehr: Plattkofelhütte

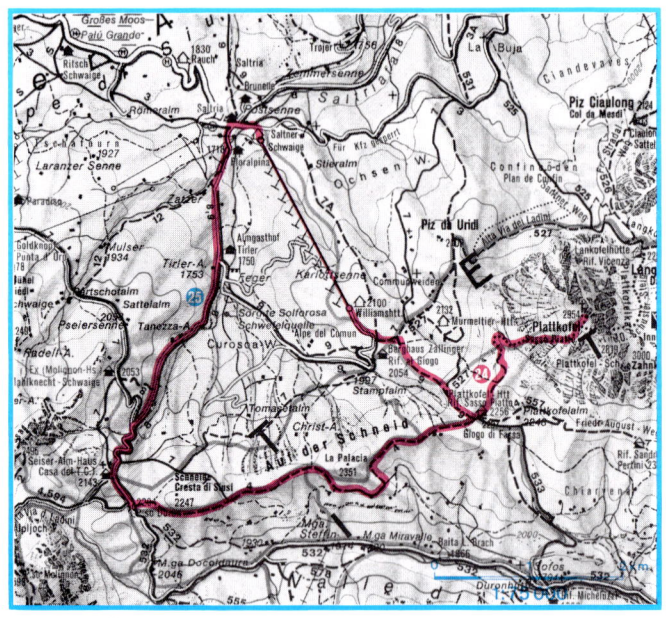

Tourenverlauf: Wir benützen von Compatsch (Parkplatz Seiser Alm) den Linienbus, um nach Saltria im Inneren der Seiser Alm zu gelangen (Straße im Sommer für den normalen Autoverkehr gesperrt). Dort ersparen wir uns durch Benutzung des Sesselliftes ca. 450 Höhenmeter Anstieg. Von der Bergstation folgen wir einem breiten Güterweg (»Zallinger« beschildert), verlassen diesen schon bald und wandern, am Rücken bleibend, der Nr. 9 folgend vom Jöchl zur Plattkofelhütte. Links davon steigen wir über Almwiesen der nach Süden geneigten, riesigen Felsplatte entgegen. Ein schmaler Steig führt im Zickzack auf zum Teil mit Geröll bedecktem Fels – hellgrauer ungeschichteter Schlerndolomit (Korallenriffe) – auf die Plattkofelscharte und weiter zum 2.954 m hohen Gipfel. Abstieg wie Aufstieg.

25 Rundwanderung: Saltria – Plattkofelhütte – Seiser-Alm-Haus (T.C.I.) – Saltria (Compatsch)

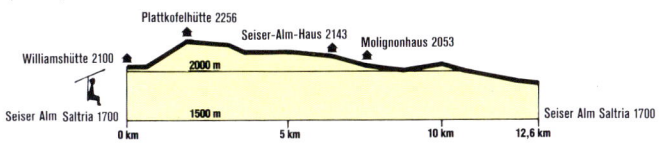

Ausgangspunkt: Seiser Alm
Parken: Compatsch
Höhenunterschied: 300 m Aufstieg, 600 m Abstieg

Wanderzeit: 3 Std.
Schwierigkeitsgrad: leicht!
Einkehr: Plattkofelhütte, Seiser-Alm-Haus
Karte: siehe Seite 54

Blick auf Grohmannspitze, Fünffingerspitze und Langkofel, 3181 m

Tourenverlauf: Die 52 km² große Seiser Alm ist im Sommer für den normalen Autoverkehr gesperrt. Aus diesem Grunde parken wir das Auto in Compatsch (Seiser Alm), von wo wir mit dem Linienbus in das Innere der Seiser Alm, nach Saltria, weiterfahren. Nach Beanspruchung des Sesselliftes wandern wir, am Rücken bleibend, links oberhalb des Berghauses Zallinger vorbei hinauf zur Plattkofelhütte. Entlang des Kammes (auf der Schneid), der die Langkofelgruppe von der Rosengartengruppe trennt, queren wir die Nordhänge des Durontales, einem Seitental des Fassatales, der Markierung Nr. 594/4 folgend. Noch vor Erreichen des Mahlknecht Jöchls zweigt die Markierung Nr. 4 nach rechts zum Seiser-Alm-Haus (T.C.I.) ab. Mit ständigem Blick auf Langkofel und Plattkofel steigen wir entlang des Güterweges zur Talstation des Sesselliftes ab. Es besteht auch die Möglichkeit, vom Seiser-Alm-Haus der Nr. 7 folgend am Molignonhaus vorbei, nach Compatsch weiterzuwandern.

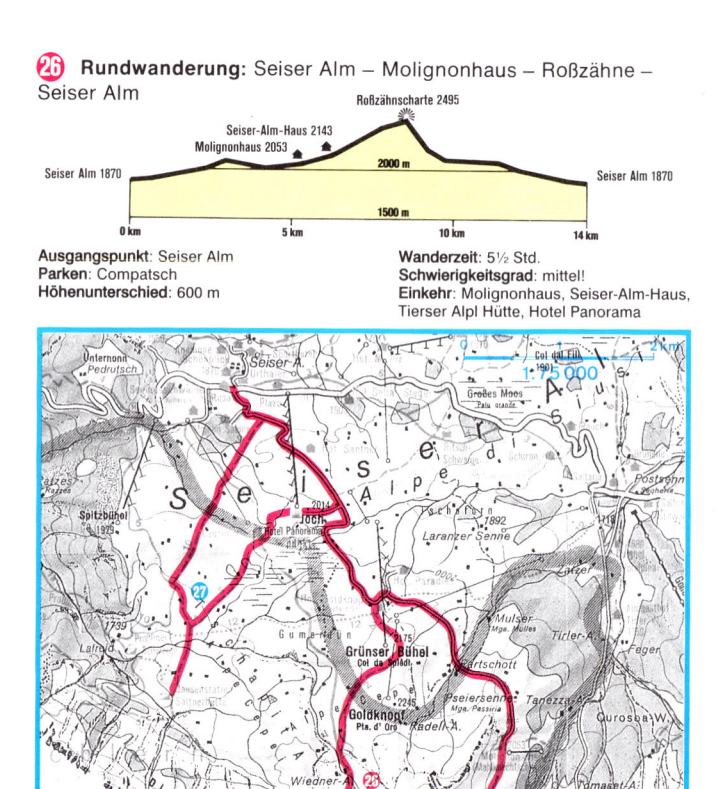

26 Rundwanderung: Seiser Alm – Molignonhaus – Roßzähne – Seiser Alm

Ausgangspunkt: Seiser Alm
Parken: Compatsch
Höhenunterschied: 600 m

Wanderzeit: 5½ Std.
Schwierigkeitsgrad: mittel!
Einkehr: Molignonhaus, Seiser-Alm-Haus, Tierser Alpl Hütte, Hotel Panorama

Tourenverlauf: Von Compatsch (Seiser Alm, Parkplatz) folgen wir an der gegenüberliegenden Seite der Hotels dem Güterweg, der in mäßiger Steigung zum Hotel Panorama hinaufführt. Dieser Anstieg kann unter Benutzung des Panoramaliftes gemieden werden. Weiter entlang des Güterweges (Nr. 7), über Mulden und Täler unterhalb vom Hotel Goldknopf vorbei, bis dieser am Molignonhaus endet. Nach Querung eines Bachbettes beginnt nun der Weg allmählich anzusteigen und führt am Seiser-Alm-Haus vorbei hinauf zur Tierser Alpl Hütte. Diese verlassen wir, indem wir nach rechts haltend durchs Geröll (Nr. 2) zur Roßzähnscharte aufsteigen. Die uns ständig begleitenden herrlichen Rundblicke erreichen hier ihren Höhepunkt. In Serpentinen steigen wir auf der Nordseite durchs Geröll hinunter auf die sanften Almwiesen mit unzähligen Heustädeln und kehren zum Ausgangspunkt zurück.

Seiser Alm

㉗ Wanderung: Seiser Alm – Saltnerhütte

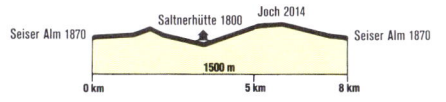

Ausgangspunkt: Seiser Alm
Parken: Compatsch
Höhenunterschied: 100 m
Wanderzeit: 2 Std.

Schwierigkeitsgrad: leicht!
Einkehr: Saltnerhütte
Karte: siehe Seite 56

Tourenverlauf: Vom Parkplatz zweigt an der gegenüberliegenden Seite der Hotels ein Güterweg ab. Diesem folgen wir, bis in der ersten Kehre die Markierung Nr. 10 abzweigt und nach kurzem Anstieg an mehreren Heustädeln vorbei, die endlosen Almwiesen quert. Nach leichtem Gefälle stoßen wir auf einen Güterweg (Nr. 5), dem wir Richtung Schlern folgen, an dessen Fuße sich die Saltnerhütte befindet. Auf dem Rückweg besteht die Möglichkeit, übers Joch (200 m Anstieg, von der Saltnerhütte den Güterweg wie im Hinweg benutzend; Abzweigung nach rechts im Bachbett) oder über den Spitzbühel (Güterweg des Hinweges weiter verfolgen) zum Ausgangspunkt zurückzukehren.

28 Klettersteig: Roßzähne – Maximilianweg – Roterdspitze, 2.655 m

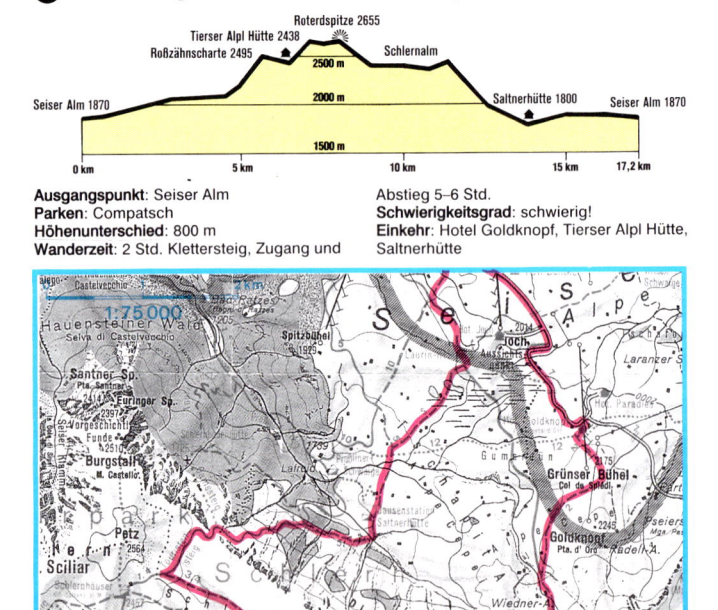

Ausgangspunkt: Seiser Alm
Parken: Compatsch
Höhenunterschied: 800 m
Wanderzeit: 2 Std. Klettersteig, Zugang und Abstieg 5–6 Std.
Schwierigkeitsgrad: schwierig!
Einkehr: Hotel Goldknopf, Tierser Alpl Hütte, Saltnerhütte

Tourenverlauf: Die Besteigung der Felsgebilde am Südrand der Seiser Alm, wegen ihres Aussehens »Roßzähne« benannt, und die Gratbegehung bis zur 2.655 m hohen Roterdspitze konnten erst durch Anbringung von Fixseilen dem normalen Berggeher ermöglicht werden. Dennoch bleibt die Begehung dieses Klettersteiges nur trittsicheren, schwindelfreien Berggehern vorbehalten, wobei Reepschnur und Karabiner zur Sicherung Verwendung finden müssen. Die Tierser Alpl Hütte, Stützpunkt dieser Tour, kann entweder wie unter Nr. 33 beschrieben, von Tiers aus erreicht werden, oder günstiger von der Seiser Alm ausgehend, dem Güterweg Nr. 7 Richtung Molignonhaus bis zum Hotel Goldknopf folgend und weiter in Serpentinen auf die Roßzähnscharte (Nr. 2) aufsteigend, von wo man mit einigen Metern Höhenverlust zur

Blick auf die Roßzähne

entsprechenden Hütte absteigt. Von der Hütte durch ein kurzes Kar zum Südfuß der Roßzähne. Nach Überwindung der ersten Seilsicherung klettern wir durch die Schlucht zur deutlich eingeschnittenen Scharte, von wo man nach links zum höchsten Punkt der Roßzähne aufsteigt. Über die Südwestflanke und entlang des Nordabfalls (Seil) steigen wir hinunter, bis nach Erreichen der Scharte die lange Überschreitung – schmaler, reichlich luftiger Steig – zur Roterdscharte beginnt. Dort besteht die Möglichkeit, ins Kar abzusteigen (somit trifft man auf die Weggabelung Schlern – Tiers – Tierser Alpl Hütte); dennoch ist es lohnender, in kurzer Schrofenkletterei zur Roterdspitze aufzusteigen. Vom Gipfel westwärts absteigend stoßen wir auf den Weg Nr. 4 (Tierser Alpl Hütte – Schlernhaus). Diesem folgen wir bis wir den in Serpentinen hinabziehenden Steig Schlernhaus – Seiser Alm erreichen und an der Saltnerhütte vorbei zu unserem Ausgangspunkt zurückkehren.

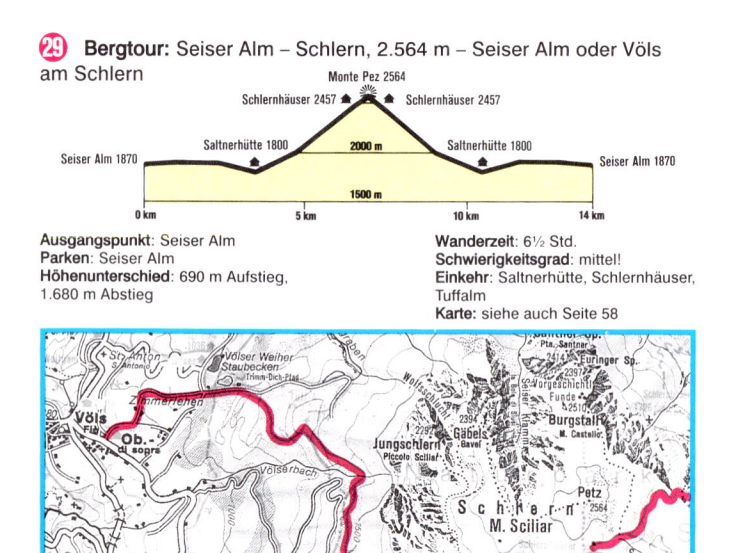

㉙ Bergtour: Seiser Alm – Schlern, 2.564 m – Seiser Alm oder Völs am Schlern

Ausgangspunkt: Seiser Alm
Parken: Seiser Alm
Höhenunterschied: 690 m Aufstieg,
1.680 m Abstieg

Wanderzeit: 6½ Std.
Schwierigkeitsgrad: mittel!
Einkehr: Saltnerhütte, Schlernhäuser, Tuffalm
Karte: siehe auch Seite 58

Tourenverlauf: Die Seiser Alm erreicht man über Seis oder Kastelruth. Den Parkplatz verlassen wir auf einem Schotterweg Richtung Süden, von dem wir jedoch schon bald abzweigen und die Almwiesen queren (Markierung Nr. 10). Leicht absteigend folgen wir schließlich der Markierung Nr. 5, welche zur Jausenstation Saltnerhütte, am Fuße des Schlernmassivs, führt. Anfangs durch Latschenbestände geht es nun in Serpentinen der Markierung 5, dann 1 folgend bergauf, bis wir das Hochplateau des Schlernmassivs erreichen. Nun queren wir noch westwärts und schon stehen wir vor den Schlernhäusern. In ca. 20 Minuten kann von hier aus der höchste Punkt, Monte Pez, 2.564 m, erreicht werden. Der herrliche Rundblick vom Rosengarten bis zum Langkofel entschädigt den anstrengenden Aufstieg.

Abstieg wie Aufstieg, oder bei entsprechender Fahrgelegenheit entlang des Knüppelweges nach Völs. Direkt vom Schlernhaus führt der Steig Nr. 1 zum Teil über steiles Gelände zur Sesselschwaige, von wo ein Holzpfad durch die von senkrechten Wänden umgebene Schlucht führt. An dessen Ende führt ein schotteriger Steig weiter bergab, bis ein schmaler Steig nach rechts (Westen) abzweigt und schließlich in einen Waldweg übergehend zur Tuffalm führt. Auf breitem Waldweg zum Völser Weiher, von wo eine schmale Fahrstraße nach links abbiegt und direkt nach Völs führt.

30 Wanderung: Bad Ratzes – Schlernbödelehütte – Proßliner Schwaige

Ausgangspunkt: Seis
Parken: Bad Ratzes
Höhenunterschied: 520 m
Wanderzeit: 3 Std.
Schwierigkeitsgrad: mittel!
Einkehr: Schlernbödelehütte, Proßliner Schwaige

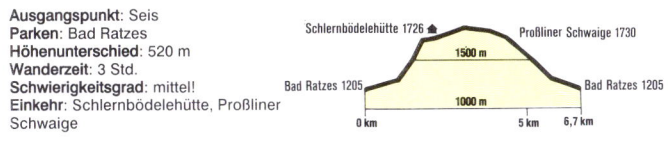

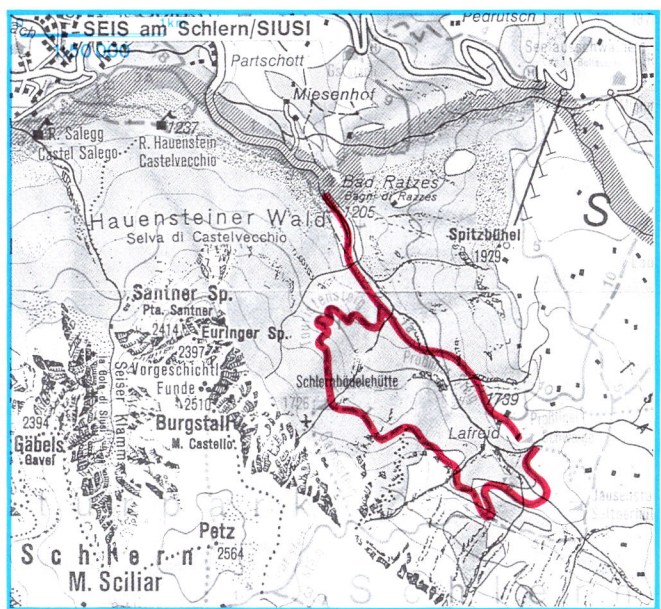

Tourenverlauf: Gegenüber vom Verkehrsbüro in der Dorfmitte von Seis zweigt die Henrik-Ibsen-Straße nach rechts ab. Wir folgen dieser, biegen im besiedelten Raum nach rechts Richtung Frötschbach ab und folgen der schmalen Straße entlang des Waldes, bis diese beim Bad Ratzes endet. Am Hotel vorbei erreichen wir geradeaus eine Brücke (Nr. 1, 1 a). Nach Querung des Baches geht es in mäßiger Steigung an der orographisch linken Bachseite taleinwärts. Dort stoßen wir auf den nach rechts abzweigenden Weg (Nr. 1), der sich in mehreren Kehren zur Schlernbödelehütte am Fuße des Schlern emporwindet. Weiter, der Markierung Nr. 1 folgend, wandern wir taleinwärts, erreichen eine Weggabelung, an der wir Richtung Talgrund absteigen. Dort queren wir das Bachbett und marschieren an der gegenüberliegenden Talseite zur Proßliner Schwaige. Nach ausgiebiger Rast verlassen wir wieder die Almwiesen der Seiser Alm und steigen, der Nr. 1a folgend, nach Bad Ratzes ab.

31 Wanderung: Ums – Tschafonhütte – Schönblick – Prösels – Ums

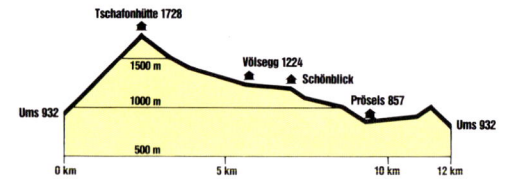

Ausgangspunkt: Völs am Schlern
Parken: Ums
Höhenunterschied: 730 m
Wanderzeit: 5½ Std.

Schwierigkeitsgrad: leicht!
Einkehr: Tschafonhütte, Völsegg, Schönblick, Prösels

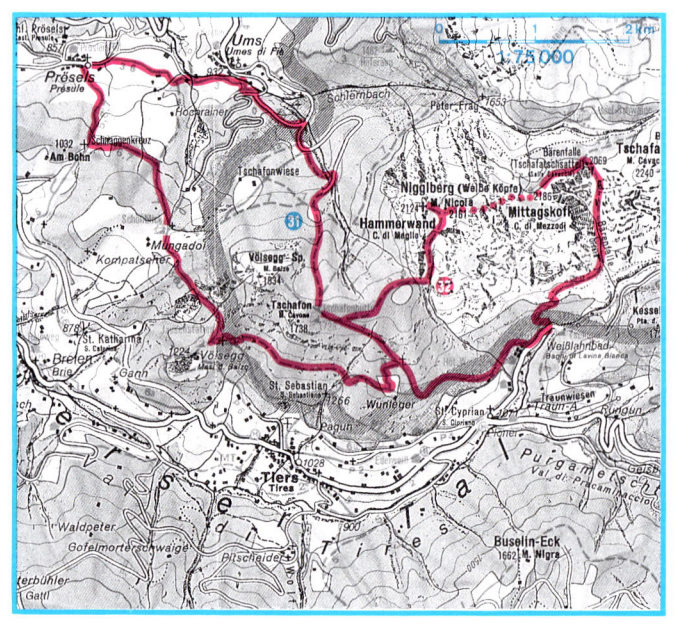

Tourenverlauf: Von Völs zweigen wir nach rechts zur Ortschaft Ums ab und folgen dort der Straße, bis diese im Bachbett endet. Im Bachbett beginnt die Markierung Nr. 4, die abwechselnd entlang eines Güterweges und eines Waldweges an Höhe gewinnt und nach Querung einer Lichtung immer steiler werdend durch den Wald zur Tschafonhütte emporführt. Die auf einer Einebnung am von der Hammerwand zum Völsegg hinaufziehenden Rücken gelegene Hütte mit guter Aussicht verlassen wir in Richtung Weißlahnbad. Entlang des schön angelegten Weges steigen wir bergab, folgen dann vor Erreichen einer Almwiese dem nach rechts abzweigenden Weg, der uns am St. Sebastian Kirchlein vorbei zur Jausenstation Völsegg führt. Weiter auf Weg 6 U zum

Gasthof Schönblick, von wo wir zuerst dem Güterweg folgend, dann geradeaus durch die Lärchenbestände leicht fallend zum Schnaggenkreuz weiterwandern. Von der idyllischen Wiesenlandschaft kann nun direkt nach Ums abgestiegen werden (rechts halten). Es lohnt sich jedoch, einen Abstecher nach Prösels zu machen (Nr. 7), um dort das herrlich restaurierte Schloß Prösels zu besichtigen. Entlang des Fahrweges (Nr. 6, 3) zurück nach Ums. Auch weniger Ausdauernde können diese Wanderung entlang der Mittelgebirgsterrasse am Schlern unternehmen, indem sie, den Aufstieg zur Tschafonhütte meidend, von Ums Nr. O folgend, direkt zum Gasthof Schönblick aufsteigen.

㉜ Bergwanderung: Tiers – Hammerwand, 2.124 m

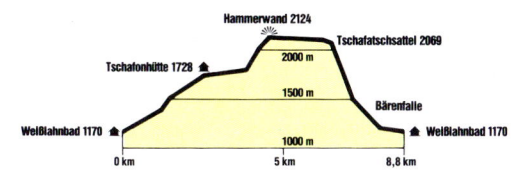

Ausgangspunkt: Tiers
Parken: Weißlahnbad
Höhenunterschied: 950 m

Wanderzeit: 5 Std.
Schwierigkeitsgrad: mittel!
Einkehr: Tschafonhütte

Tourenverlauf: Von Tiers weiter, bis sich beim Kirchlein St. Cyprian die Straße teilt. Wir folgen der geradeausführenden Straße zum Hotel Weißlahnbad, in dessen Nähe sich ein Parkplatz befindet. Vom Parkplatz zuerst flach der Markierung 6 U, 4 a folgend nach orographisch rechts, dann entlang eines Güterweges (Nr. 4 a) in mäßiger Steigung bergauf. Nach Erreichen einer Lichtung weicht die Markierung vom nun steiler werdenden Güterweg ab, schlängelt sich in Serpentinen empor und quert schließlich die Hänge zur Tschafonhütte. Von der Hütte wandern wir auf zuerst breitem, dann schmäler werdendem Waldweg den Felswänden entgegen (Markierung Nr. 9, Schlern beschildert). Leicht fallend gilt es noch rasch rechts zu queren, bis sich der Steig im Zickzack zwischen Latschen- und Zirbenbeständen in die Höhe windet. Beinahe am Grat angelangt, zweigt von der Markierung ein Weg nach links ab (beschildert). Einige Meter entlang dieses Weges und schon öffnet sich uns von der höchsten Erhebung ein bemerkenswertes Panorama: Tiefblicke auf Seis und über Steinegg in den Bozener Talkessel mit dem Rittner Hochplateau; Schlern und Rosengarten als auch der Latemar in greifbarer Nähe; im Hintergrund glitzern die vergletscherten Gebirgsketten wie Presanella, Ortlergruppe und Ötztaler Alpen. Abstieg wie Aufstieg oder lohnender von der Weggabelung weiter entlang des Kammes mit noch einigen Metern Aufstieg zum Tschafatschsattel, von wo ein schön angelegter Steig durch die Bärenfalle direkt zum Ausgangspunkt hinabführt (Nr. 2). Besonders lohnend ist diese Tour an klaren Herbsttagen, wenn die Aussicht den mühevollen Anstieg in besonderem Ausmaß lohnt.

㉝ Bergtour: Weißlahnbad – Bärenfalle – Schlern – Tierser Alpl Hütte – Weißlahnbad

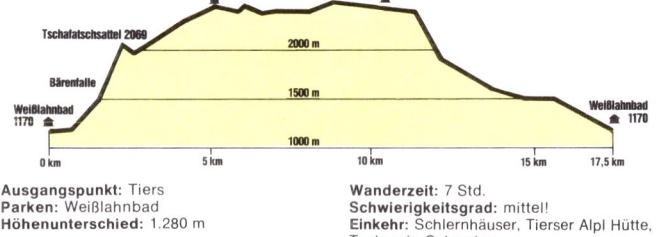

Ausgangspunkt: Tiers
Parken: Weißlahnbad
Höhenunterschied: 1.280 m

Wanderzeit: 7 Std.
Schwierigkeitsgrad: mittel!
Einkehr: Schlernhäuser, Tierser Alpl Hütte, Tschamin Schwaige

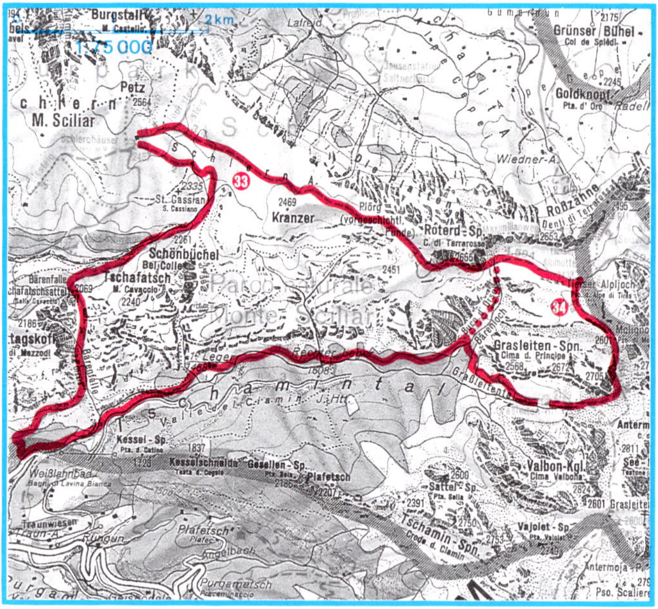

Tourenverlauf: Wir fahren ins Tiersertal bis nach St. Cyprian (Kirche nach Tiers) und dann links ab zum Hotel Weißlahnbad (Parkgelegenheit). Links vom Parkplatz zweigt der Steig Nr. 2 ab, quert die Zirbenbestände und führt am Tschetterloch vorbei unter beeindruckenden Wänden in die steile Schlucht (Bärenfalle). Entlang des schön angelegten, an mehreren Stellen mit Seilen versehenen Steiges, gewinnen wir schnell an Höhe, bis wir am Tschafatschsattel stehen.

Unbeschwerlicher queren wir nun die Westhänge der Tschafatschspitze, gelangen in einen Talkessel, den wir nach links aufsteigend allmählich verlassen und zu den Schlernhäusern weitermarschieren. In 20 Minuten kann von dort aus der höchste Punkt des Schlernmassivs, 2.564 m, erreicht werden. Der Nr. 3,4 folgend verlassen wir die Schlernhäuser und begeben uns ostwärts Richtung Tierser Alpl Hütte. – Nach Emporsteigen aus dem Kessel am Weg zu den Schlernhäusern kann, anstatt nach links, geradeaus weitergewandert werden, wobei man auf das Plateau stößt, das den Weg Nr. 3,4 kreuzt. – Anfangs leicht fallend, queren wir das Plateau, dann in mäßiger Steigung empor, bis am Fuße der Roterdspitze ein Wegweiser den Weitermarsch andeutet (Möglichkeit, den Maximilian Klettersteig zu beanspruchen um zur Tierser Alpl Hütte zu gelangen). Über Schrofen und Geröll bergab stößt man auf den durchs Bärenloch ins Tschamintal führenden Steig. 15 Minuten beansprucht die Weiterwanderung zur Tierser Alpl Hütte, von der wir wieder zur eben genannten Weggabelung zurückkehren und zum Ausgangspunkt absteigen.

(34) Bergwanderung: Weißlahnbad – Bärenloch – Tierser Alpl Hütte – Molignonpaß – Grasleitenhütte – Weißlahnbad

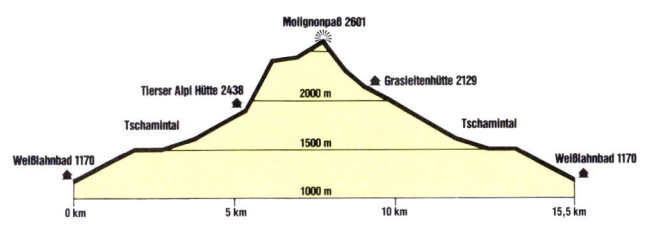

Ausgangspunkt: Tiers
Parken: Weißlahnbad
Höhenunterschied: 1.260 m
Wanderzeit: 6 Std.

Schwierigkeitsgrad: mittel!
Einkehr: Tschamin Schwaige, Tierser Alpl Hütte, Grasleitenhütte
Karte: siehe Seite 64

Tourenverlauf: Von Tiers bis nach St. Cyprian, dort nach links zum Hotel Weißlahnbad. Vom Parkplatz am Schotterweg geradeaus, leicht fallend zur Tschamin Schwaige (Nr. 3). Nach der Brücke, zwischen Haus und Stadel beginnt ein Steig, der nach bewältigter Steigung in einen Schotterweg mündet. Diesem folgend, wandern wir an einer Alm vorbei in mäßiger Steigung immer weiter in das von steilen Wänden begrenzte Tschamintal. Im Talgrund zweigt die Markierung nach links ab und windet sich durch Legföhrenbestände den senkrechten Wänden der Grasleitenspitzen immer näher. An der erreichten Weggabelung halten wir uns wieder links und steigen durchs Bärenloch anfangs über Felshalden, dann über mit Seilen versehene Schrofen empor, bis wir auf den vom Schlern kommenden Weg stoßen. In mäßiger Steigung wandern wir nach rechts und erreichen in weiteren 15 Min. die Tierser Alpl Hütte am Fuße der Roßzähne. Abstieg wie Aufstieg oder südlich der Hütte der Nr. 544 folgend, hinauf zum 2.601 m hohen Molignonpaß zwischen Molignonkamm und Grasleitenspitzen. Über die Grasleitenhütte durchs Grasleitental (3 A) bergab ins Tschamintal, wo wir auf den im Aufstieg benutzten Steig Nr. 3 stoßen.

Motiv bei Welschnofen, Eggental ▶

Schrittmacher · Camminando con...

Meran/Merano 1:50 000 — 53
Bozen/Bolzano 1:50 000 — 54
Südtiroler Weinstraße Unterland 1:35 000 — 074

e-mail: kompass@kompass.at • http://www.kompass.at

KOMPASS-Karten GmbH
Kaplanstraße 2
A-6063 Rum/Innsbruck
Tel.: +43 (0)512 26 55 61-0
Fax: +43 (0)512 26 55 61-8

KOMPASS

**Eggental
Rosengarten**

Eggental – Rosengarten

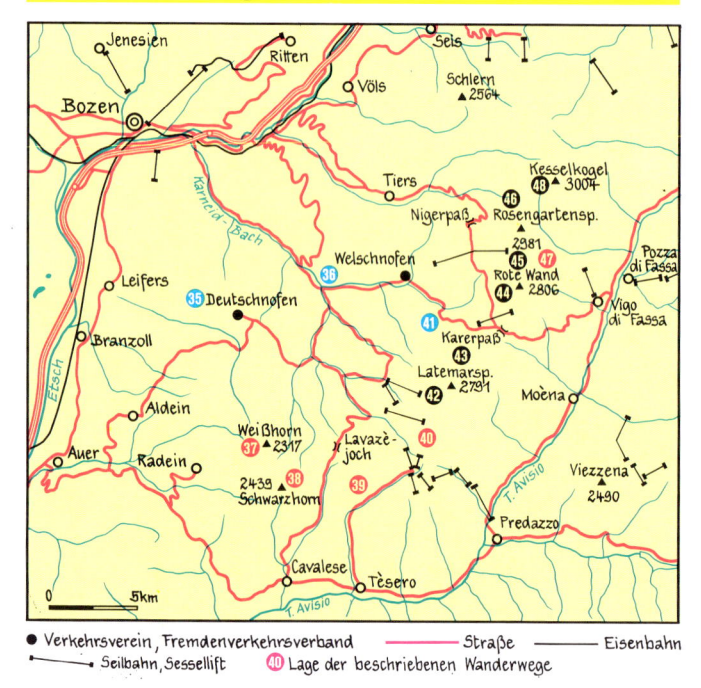

● Verkehrsverein, Fremdenverkehrsverband ——— Straße ——— Eisenbahn
•—→ Seilbahn, Sessellift   ㊵ Lage der beschriebenen Wanderwege

Ortsbeschreibungen:

DEUTSCHNOFEN

Gemeinde, Provinz Bozen, Einwohnerzahl: 3250, Seehöhe: 1.357 m, Postleitzahl: I-39050.
Auskunft: Tourismusverein Deutschnofen – Eggen – Petersberg. **Bahnstation**: Bozen (29 km). Busverbindung mit Bozen.

Deutschnofen liegt an der Sonnenseite eines sanft ansteigenden Hanges inmitten einer weiten, welligen Hochfläche. Dieses Hochland grenzt im Norden an das Eggental, im Süden fällt es gegen das Brantental ab. Das Land ist von Wiesen und Wäldern durchzogen, es wirkt freundlich und offen, das Klima ist mild. Lohnende Ausblicke auf den Rosengarten und Latemar, wie hinüber nach den Adamello- und Ortlerbergen machen Deutschnofen zum Ziel vieler Ausflügler. Der Wintergast findet hier ein besonders für Anfänger geeignetes Skigelände. Die Gründung der Siedlung geht auf das 12. Jh. zurück, sie wird 1279 als Nove erwähnt. Zur Gemeinde Deutschnofen gehört auch der im Eggental liegende Weiler Birchabruck.

Welschnofen

Sehenswert
Die **Pfarrkirche,** 15. Jh., wertvoller Hochaltar, Reliefbilder. – Die Hügelkirche **St. Helena,** 13. Jh., gotische Fresken aus dem 15. und 16. Jh. – **St.-Agatha-**Kirchlein. – **Wallfahrtskirche Maria Weißenstein,** volkstümlichster Wallfahrtsort Südtirols, 17. Jh., Wandmalereien von Adam Mölk.

WELSCHNOFEN

Gemeinde, Provinz Bozen, Einwohnerzahl: 1700, Seehöhe: 1.180 m, Postleitzahl: I-39056.
Auskunft: Tourismusverein Welschnofen – Karer See. **Bahnstation**: Bozen (20 km). Busverbindung mit Bozen und zum Karer Paß.
Bergbahnen: Gondel- und Sessellifte.

Das Dolomitendorf Welschnofen liegt, eingebettet in Wiesenhänge und Nadelwälder, zu Füßen der berühmten Türme des Rosengarten und des Latemar, an die sich viele bekannte Sagen knüpfen. Wie das Hoteldorf Karerpaß, 1.758 m, das zum Teil der Gemeinde Welschnofen angehört, zum anderen Teil der Gemeinde Vigo di Fassa, ist Welschnofen im Sommer und Winter ein idealer Erholungsort. An der Straße zum Karerpaß liegt der von einem Nadelwald märchenhaft umrahmte Karersee. Welschnofen führt seine Entstehung auf eine langobardische Siedlung zurück. Während des Mittelalters wurde in der Umgebung Bergbau betrieben.

Sehenswert
Die **Pfarrkirche,** 1142 erstmals erwähnt. – Festsaal des **Karer See-Hotels** mit Darstellungen Dietrichs von Bern und des Zwergenkönigs Laurin, von Albert Stolz. – **Christomannos-Denkmal** zur Erinnerung an den Erschließer der Dolomiten für den Tourismus.

Wanderungen und Bergtouren im Eggental – Rosengarten

35 Wanderung: Deutschnofen – Schloß Kampenn – Bozen

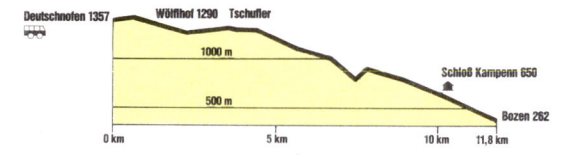

Ausgangspunkt: Deutschnofen
Parken: Deutschnofen
Höhenunterschied: 1.100 m
Wanderzeit: 4½ Std.

Schwierigkeitsgrad: leicht!
Einkehr: Gasthof Kofler
Karte: siehe Seite 71

Tourenverlauf: Von Deutschnofen an der Kirche vorbei zum Parkplatz. Von dort der nach rechts abzweigenden Straße (Spangler Häusl) entlang geradeaus leicht ansteigend, bis man der Markierung 1,2 folgend schließlich durch Wald und Wiesen zum Wölflhof gelangt. Rechts am Wölflhof vorbei führt ein Güterweg entlang der prächtigen Fichtenbestände zum Tschuflerhof. In mäßigem Gefälle, mit Ausnahme eines steilen Abschnittes, gelangen wir, immer Nr. 2 folgend, in den Wolftalerbach. Von dort entlang des Fahrweges an mehreren Gehöften vorbei, erreichen wir die Straße nach Kohlern. Kurz nach der Kehre führt eine Abkürzung rechts ab nach Schloß Kampenn. Am Schloß Kampenn vorbei, nach links durch die Wiese und weiter über wild verwachsenen Steig, Nr. 1,2 bergab und schließlich der Straße entlang zur Talstation der Seilbahn Kohlern.
Variante: Vom Wölflhof Nr. 5 folgend geradeaus, leicht ansteigend am Steinerhof vorbei aufs Tote Moos. Von dort Nr. 4 folgend nach Herrenkohlern und weiter nach Bauernkohlern. 400 m Höhendifferenz. 3½ Std.

36 Wanderung: Birchabruck – Gummer – Steinegg – Kardaun

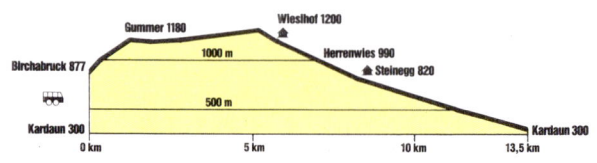

Ausgangspunkt: Birchabruck im Eggental
Parken: Kardaun im Eisacktal
Höhenunterschied: 400 m Aufstieg, 1.000 m Abstieg

Wanderzeit: 5 Std.
Schwierigkeitsgrad: leicht!
Einkehr: Wieslhof, Steinegg

Tourenverlauf: Von Kardaun am Eingang ins Eisacktal fahren wir mit dem Linienbus nach Birchabruck ins Eggental, um von dort entlang des wald- und wiesenreichen Höhenzuges zwischen Eggen- und Tierser Tal mit Aussicht auf Rosengarten und Latemar nach Kardaun zurückzukehren. In Birchabruck einige Meter entlang der Straße Richtung Karerpaß, dann über die schmale Brücke nach links zum Bauernhof, von wo die Markierung Nr. 3 nach Gummer emporführt. Oberhalb von Gummer mündet die Markierung in die Straße Gummer–Steinegg und folgt dieser bis kurz nach dem Gasthaus Wieslhof, wo sie diese wieder verläßt und nach ca. 100 m nach links geradeaus nach Steinegg hinabführt. Vom Parkplatz des aussichtsreichen Dorfes zweigt ein Güterweg nach links ab (Nr. 2) und schlängelt sich entlang der Osthänge des Eisacktales hinunter nach Kardaun, ein schattiger Weg, der immer wieder Tiefblicke in das Eisacktal freigibt, das hier den anstehenden Bozner Quarzporphyr durchbricht.

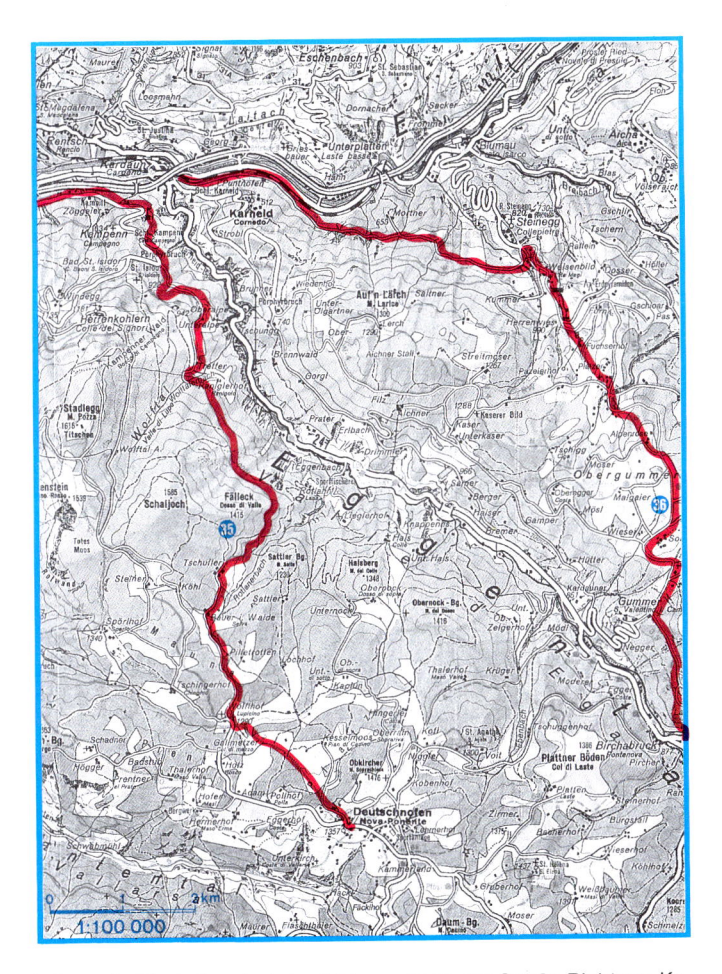

37 Bergwanderung: Maria Weißenstein – Jochgrimm – Weißhorn, 2.317 m – Maria Weißenstein

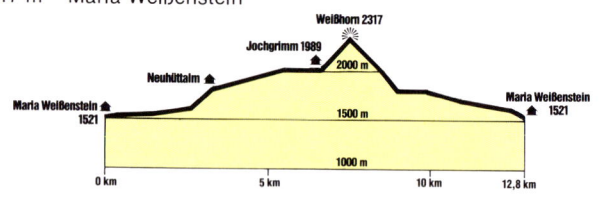

Ausgangspunkt: Maria Weißenstein
Parken: Maria Weißenstein
Höhenunterschied: 800 m
Wanderzeit: 5½ Std.

Schwierigkeitsgrad: mittel!
Einkehr: Maria Weißenstein, Petersberger Leger, Gasthof Jochgrimm

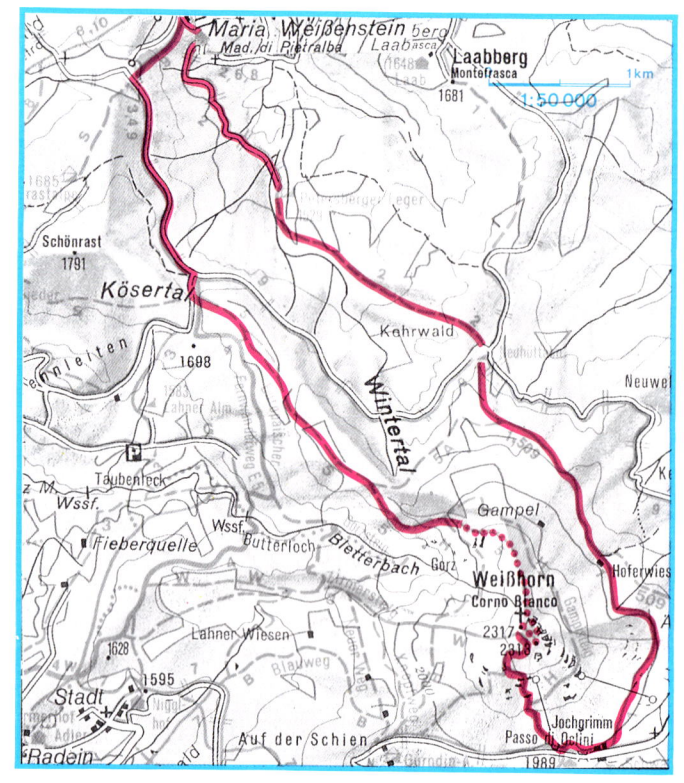

Tourenverlauf: Durchs Eggental über Deutschnofen oder von Auer über Montan und Aldein erreicht man Maria Weißenstein, einen der bekanntesten Wallfahrtsorte Südtirols. Vom Parkplatz Richtung Kirche zum Souvenirladen; dann nach links am Hof vorbei, leicht fallend der

Markierung Nr. 2 folgend. Beim Zaun halten wir uns rechts und folgen der Schotterstraße zum Petersberger Leger, einer großen Alm im Wintertal nördlich vom Weißhorn. An der Almhütte vorbei marschieren wir querfeldein Richtung Weißhorn bis in die Nähe des Bachbettes. Kreuz und quer durch lichte Waldbestände steigen wir zur Neuhüttalm auf. Von dort der Nr. 1 folgend die Osthänge des Weißhorns querend zum Jochgrimm. Über Almwiesen vom Gasthof Jochgrimm, links vom Lift bleibend, hinauf zu den Legföhrenbeständen und durch diese nun steiler zum 2.317 m hohen Gipfel. Die freistehende Lage bietet ein Panorama, das seinesgleichen suchen läßt. Über den Nordgrat (Nr. 5) gelangen wir auf den nach Maria Weißenstein führenden Forstweg (Nr. 9).

38 Bergwanderung: Jochgrimm – Schwarzhorn, 2.439 m

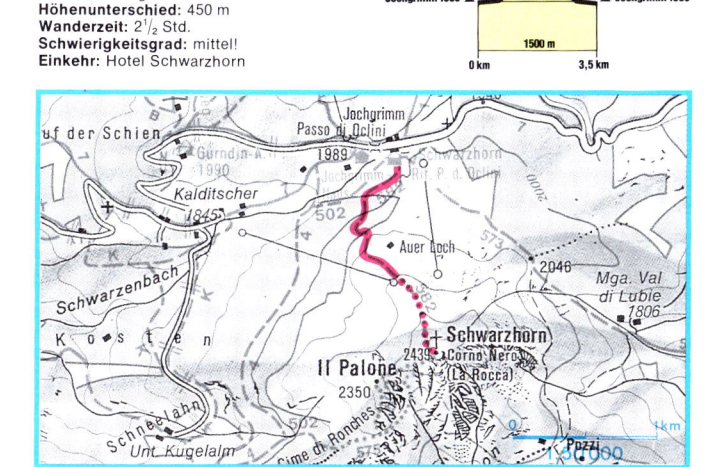

Ausgangspunkt: Jochgrimm
Parken: Jochgrimm
Höhenunterschied: 450 m
Wanderzeit: 2 1/2 Std.
Schwierigkeitsgrad: mittel!
Einkehr: Hotel Schwarzhorn

Tourenverlauf: Durchs Eggental übers Lavazéjoch erreicht man Jochgrimm. Die breite Einsattelung des Jochgrimms trennt den dunklen Porphyraufbau des Schwarzhorns im Süden vom hellen Muschelkalk des Weißhorns im Norden.

Vom Hotel Schwarzhorn Richtung Süden dem planierten Gelände der Skipiste folgend zur Endstation des nur im Winter in Betrieb stehenden Liftes. Von dort auf den zum Gipfel führenden Rücken. Über Felshalden überwinden wir die letzten Höhenmeter, bis wir den höchsten Punkt mit grandiosem Panorama – von den Zacken und Türmen der Dolomiten bis zu den vergletscherten Dreitausendern, von den ausgedehnten Wäldern des Eggentales bis in die Tiefen des Etschtales – erreichen. Abstieg wie Aufstieg.

39 Bergwanderung: Reiterjoch – Zanggenberg – Lavazèjoch

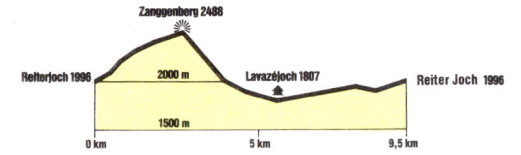

Ausgangspunkt: Obereggen
Parken: Reiterjoch oder Sessellift Oberholz
Höhenunterschied: 700 m, Abstieg nach Obereggen 1.050 m

Wanderzeit: 5 Std.
Schwierigkeitsgrad: mittel!
Einkehr: Sporthotel Lavazé

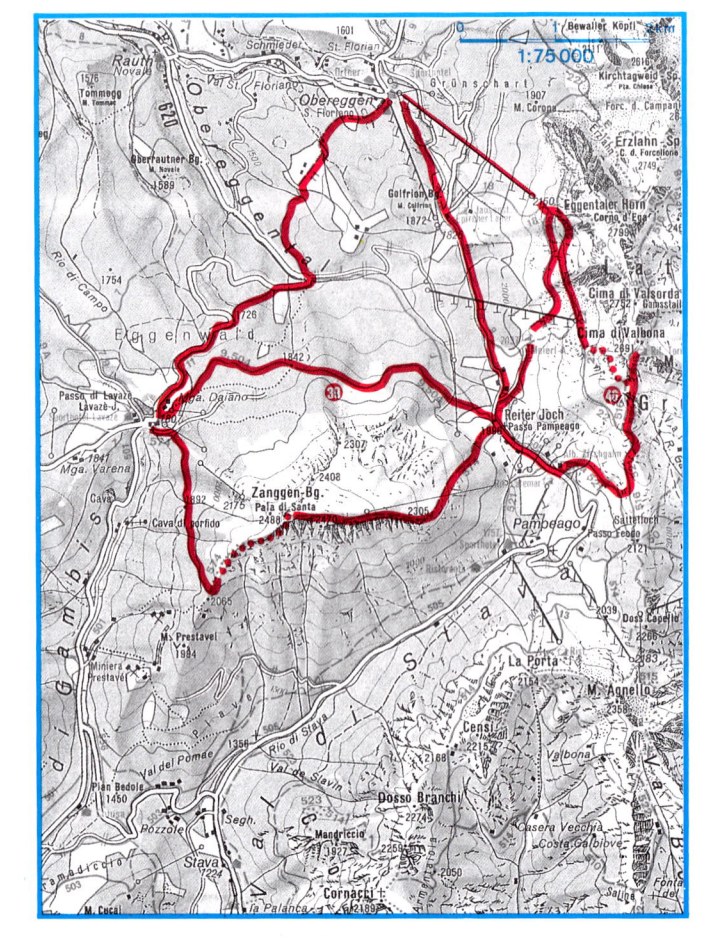

Tourenverlauf: Von der Bergstation des Sesselliftes Oberholz wandern wir nach rechts, leicht fallend, zur Maierlalm und entlang eines Güterweges weiter aufs Reiter Joch. Dieser Standpunkt kann auch erreicht werden, indem man in Obereggen am Sporthotel vorbei auf den Sattel (Parkplatz) hinauffährt, wo eine schmale Straße nach rechts abzweigt (Zischgalm beschildert). Anfänglich asphaltiert, später in eine breite Schotterstraße übergehend, führt diese an der Jausenstation Epircher Laner vorbei aufs Reiter Joch. Von hier steigen wir anfänglich etwas steil entlang der im Winter beliebten Skihänge zum 2.488 m hohen Gipfel auf, der uns ein herrliches Panorama – Latemargruppe, Weißhorn, Schwarzhorn, Gebirgsgruppen jenseits des Etschtales – bietet. Zum Abstieg kann die Aufstiegsroute gewählt werden oder südwestwärts aufs Lavazéjoch abgestiegen werden. Vom Sporthotel der Straße Richtung Eggental folgend, beginnt unterhalb der Alm die Markierung Nr. 9, die leicht ansteigend meist durch den Wald zum Reiter Joch zurückführt. Diejenigen, die das Auto in Obereggen geparkt haben, können ihre Wanderung dorthin fortsetzen, indem sie der Nr. 11 folgen (anfänglich entlang der Fahrstraße).

(40) Bergwanderung: Obereggen – Torre di Pisa Hütte – Zischgalm

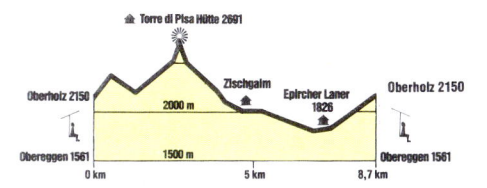

Ausgangspunkt: Obereggen
Parken: Sporthotel/Talstation Sessellift
Höhenunterschied: 550 m Aufstieg, 1.130 m Abstieg
Wanderzeit: 5½ Std.

Schwierigkeitsgrad: mittel!
Einkehr: Torre di Pisa Hütte, Zischgalm, Epircher Laner
Karte: siehe Seite 74

Tourenverlauf: Von Obereggen (Sporthotel) Auffahrt mit dem Sessellift Oberholz. 100 Meter oberhalb der Bergstation stoßen wir auf den Höhenweg Nr. 22, dem wir nach rechts folgen bis wir oberhalb der Maierlalm die Bergstation eines weiteren Sesselliftes erreichen. Ziemlich steil windet sich nun ein Steig – oft nur Trittspuren vorhanden – entlang des Schuttkares empor. Nach Einmündung in den von der Zischgalm kommenden Weg Nr. 516 zwischen Felsblöcken hinauf zur Torre di Pisa Hütte, welche sich am Felsgrat zur Valbonaspitze ausbreitet. Der mächtige Rundblick, als auch die schrofigen Türme, Schluchten und Rinnen in nächster Umgebung versetzen so manchen Besucher in Staunen. Beim Abstieg folgen wir dem Weg 516, der sich über wegsameres Gelände, zum Schluß über Almwiesen, zur Zischgalm hinunterschlängelt. Von dort zum Reiter Joch und weiter entlang eines Güterweges (Nr. 9) durch den Wald zur Jausenstation Epircher Laner, von wo wir am linken Rand der Skipiste bleibend nach Obereggen zurückwandern.

㊶ Rundwanderung: Obereggen – Mitterleger – Karer See – Obereggen

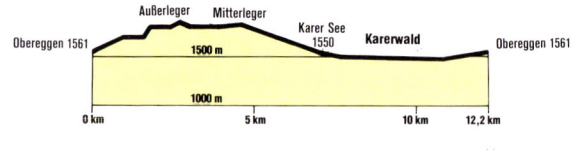

Ausgangspunkt: Obereggen
Parken: Obereggen
Höhenunterschied: 300 m

Wanderzeit: 4½ Std.
Schwierigkeitsgrad: leicht!
Einkehr: Karer See

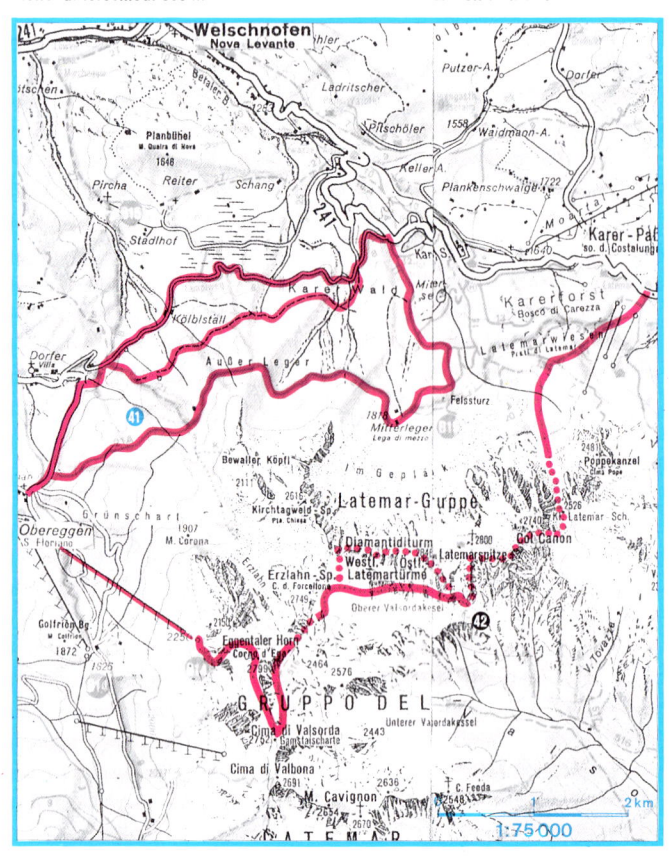

Tourenverlauf: Vom Sporthotel in Obereggen fahren wir weiter auf die leichte Erhebung, wo sich ein Parkplatz befindet. An der rechten Straßenseite führt der Steig (21 A), anfangs ansteigend, durch den Wald, dann in Nr. 21 übergehend meist flach am Fuße des Zackengewirrs der

Latemargruppe zum Mitterleger, wo sich uns ein freier, einmaliger Blick auf die Latemarspitze öffnet. Entlang eines gut beschilderten Güterweges (Markierung Nr. 11), steigen wir durch den Karerwald zu dem durch die Sagenwelt bekanntgewordenen Karersee ab. Vom westlichen Seeufer folgen wir 100 m der Straße Richtung Welschnofen, bis nach links ein Forstweg zur Pension Bewallerhof (keine Bewirtschaftung!) abzweigt (Markierung 8 oder 14). Vom Bewallerhof entlang der Fahrstraße zurück zum Ausgangspunkt dieser langen Wanderung durch die weiten Wälder des Eggentales, die wie ein breiter Saum die senkrechten Dolomitenwände umgeben und so das reizende Landschaftsbild entstehen lassen.

42 Bergtour: Latemar Überschreitung

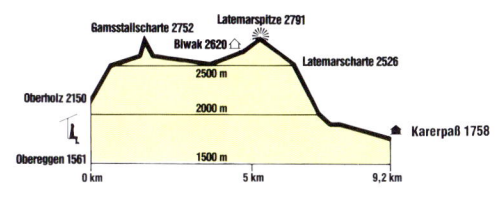

Ausgangspunkt: Obereggen
Parken: Sporthotel/Talstation Sessellift
Höhenunterschied: Aufstieg 700 m, Abstieg 1.050 m

Wanderzeit: 6½ Std.
Schwierigkeitsgrad: schwierig!
Karte: siehe Seite 76

Tourenverlauf: Von der Bergstation des Sesselliftes Oberholz in Obereggen steigen wir 100 m gerade hinauf, folgen dann der Markierung Nr. 22 nach links, bis nach weiteren 100 m die Markierung Nr. 18 auf die Gamsstallscharte abzweigt. In Serpentinen geht es ziemlich steil hinauf in ein Labyrinth von Felstrümmern und Türmen, das wir rechts haltend queren und schließlich auf der Gamsstallscharte verlassen, von wo sich uns der Blick in den Valsordakessel und unsere weitere Route öffnet. Nun gilt es, durch Querung der Schutthalden des Eggentaler Horns und der Erzlahnspitze auf die von hier aus ersichtliche Scharte zwischen Erzlahnspitze und Latemartürme zu gelangen. Dort muß die Entscheidung getroffen werden, entweder weiter der Nr. 18 zu folgen und unterhalb der Latemartürme durchzuqueren oder in höherer Lage den Klettersteig (Reepschnur und Karabiner zur Sicherung erforderlich, 1½ Std.) zur Biwakschachtel zwischen Diamantiditurm und Latemarspitze zu benützen. Vom Biwak rechts haltend führt die Markierung über schrofige Felsen hinauf zum Vorgipfel der Latemarspitze. An der Südseite des Grates bleibend, queren wir zur Latemarscharte, von wo wir, der Nr. 18 folgend, durchs Kar zu den Latemarwiesen absteigen und entlang der Nr. 21 rechts haltend zum Karerpaß marschieren. Von dort versuchen wir, per Anhalter zum Ausgangspunkt – über Birchabruck – zurückzukehren. Sollten die Füße mancher Wanderer noch nicht schmerzen, besteht die Möglichkeit, von den Karerwiesen entlang eines endlosen Waldweges (Nr. 21) nach Obereggen zurückzuwandern (weitere 3 Std.).

㊸ Gipfeltour: Karer Paß – Latemarspitze, 2.791 m

Ausgangspunkt: Karer Paß
Parken: Karer Paß
Höhenunterschied: 1.030 m
Wanderzeit: 6 Std.
Schwierigkeitsgrad: schwierig!

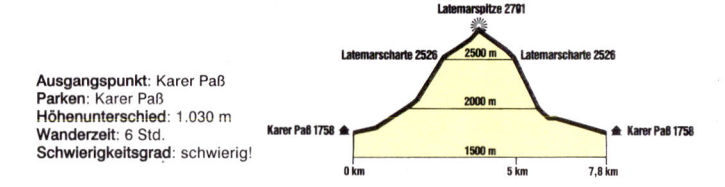

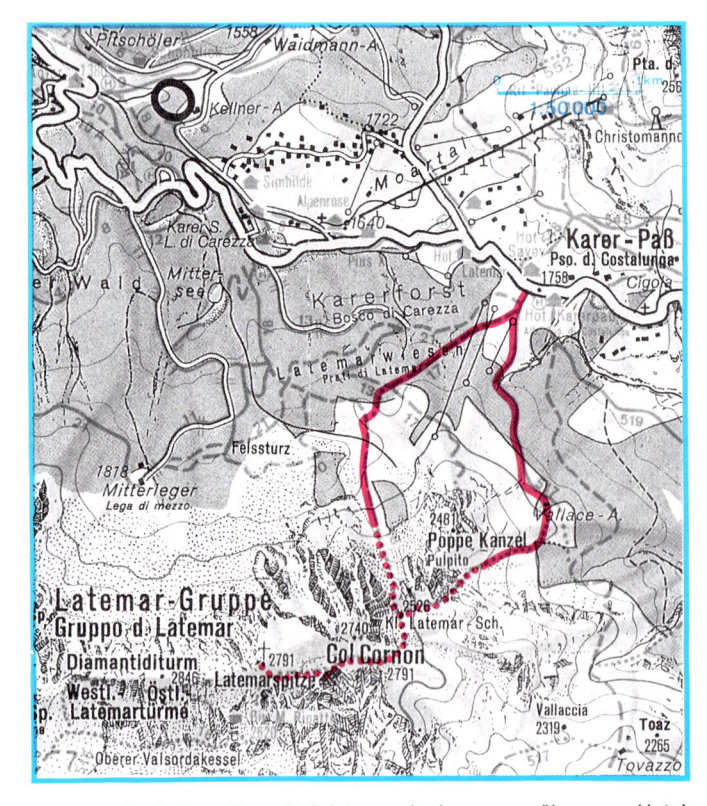

Tourenverlauf: Vom Karer Paß folgen wir dem gegenüber vom Hotel Savoy beginnenden und entlang der mit Schleppliften versehenen Almwiesen nach links (Südosten) führenden Güterweg, der nach Querung des Waldes in einen schmalen Steig übergeht (Nr. 517). Nach Erreichen der Waldgrenze steigen wir entlang eines Rückens, schnell an Höhe gewinnend, der Poppe Kanzel entgegen. Diese wird südlich umgangen, indem wir unter bizarren Zacken und Türmen ziemlich steil zur

Latemar-Gruppe, Östliche Latemarspitze mit M.-Rigatti Biwak

Latemarscharte aufsteigen, wo wir auf die Markierung Nr. 18 stoßen. Auf der Südseite des zur Latemarspitze ziehenden Grates führt der Steig über schrofige Felsen unserem Ziel entgegen. Nach Norden fällt der Gipfelaufbau senkrecht ab. Uns beeindrucken sowohl die Tiefblicke (Karersee) als auch die einmalige Fernsicht in die entlegeneren Gebirgsgruppen. Beim Abstieg kehren wir zur Latemarscharte zurück und steigen von dort der Nr. 18 folgend in den Karerforst ab, von wo wir zum Karer Paß (Nr. 17) zurückkehren.

44 Klettersteig: Paolinahütte – Rotwand, 2.806 m – Rotwandhütte – Karer Paß

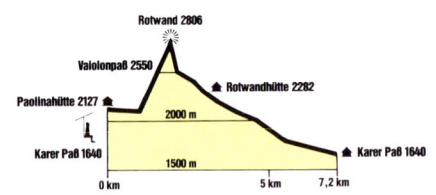

Ausgangspunkt: Karer Paß
Parken: Talstation des Sesselliftes zur Paolinahütte
Höhenunterschied: 700 m Aufstieg, 1.160 m Abstieg

Wanderzeit: 5 Std.
Schwierigkeitsgrad: schwierig!
Einkehr: Paolinahütte, Rotwandhütte

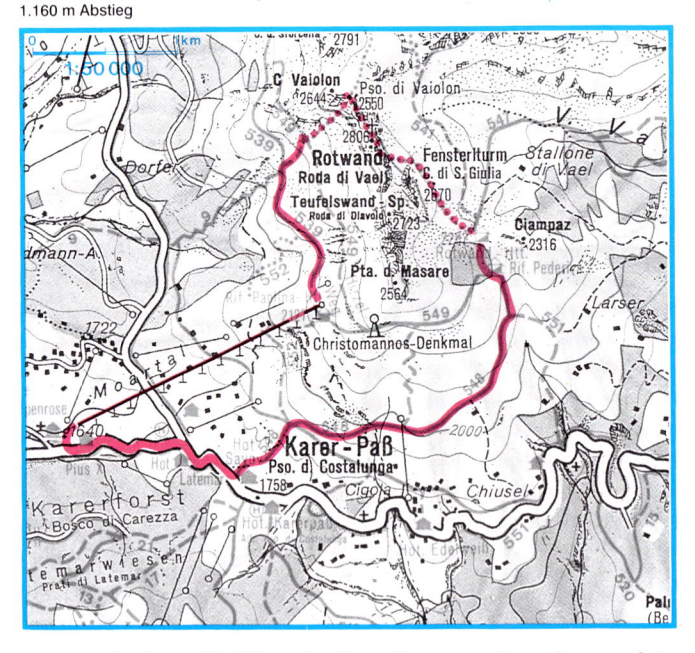

Tourenverlauf: Vor Erreichen des Karer Passes parken wir unser Auto an der Talstation des Sesselliftes, mit dem wir den senkrecht abgeschnittenen Wänden der Rotwand entgegenschweben. Von der Paolinahütte (Bergstation des Sesselliftes) folgen wir links dem flach angelegten Weg Richtung Kölner Hütte, bis uns ein Hinweisschild zum Aufstieg zum Vaiolonpaß – Einbuchtung am linken Ende der Südwand der Rotwand – aufmerksam macht. Nach Überwindung der Fels- und Schutthalden gilt es, vom Vaiolonpaß südwärts, über schrofige Felsen – fast durchwegs mit Fixseilen versehen – zum 2.806 m hohen Gipfel aufzusteigen. Vom Gipfel zunächst über mit Geröll durchsetzte Grasstellen

Ausblick vom Karer Paß auf die Rotwand

bergab, dann entlang eines Fixseiles in den engen Taleinschnitt, an dessen gegenüberliegender Seite eine ca. 50 Meter lange, ziemlich schwierige Felspassage zu überwinden ist (Fixseil), bevor wir den Sattel zwischen Fensterlturm und Teufelswand erreichen. Diese, schwieriger als der Aufstieg einzustufende, Abstiegsvariante fordert von uns abermals Kletterkunst, um das Felsband mit seinem engen Kamin kurz oberhalb der Rotwandhütte zu überwinden. Von der Rotwandhütte queren wir, der Nr. 549 folgend, zur Bergstation des Sesselliftes, der uns wieder zum Ausgangspunkt zurückbringt.

Die Benutzung des Sesselliftes kann jedoch auch gemieden werden, indem man von der Rotwandhütte der Nr. 548, »Carezza« beschildert, folgend an einer Alm vorbei zum Karer Paß absteigt und von dort, entlang der Wiesen, die Fahrstraße mehrmals querend, zur Sesselliftstation gelangt.

Tip: Nicht schwindelfreie Berggeher können vom Vaiolonpaß direkt zur Rotwandhütte absteigen und somit rund um die Rotwand wandern.

45 Klettersteig: Kölner Hütte – Santnerpaß – Vajolethütte – Tschager Joch

Ausgangspunkt: Karer Paß
Parken: Talstation Gondellift Laurin (Nähe Nigerpaß)
Höhenunterschied: 800 m
Wanderzeit: 5 Std.
Schwierigkeitsgrad: schwierig, Schwindelfreiheit Voraussetzung!
Einkehr: Kölner Hütte, Santnerpaßhütte, Gartlhütte, Vajolethütte

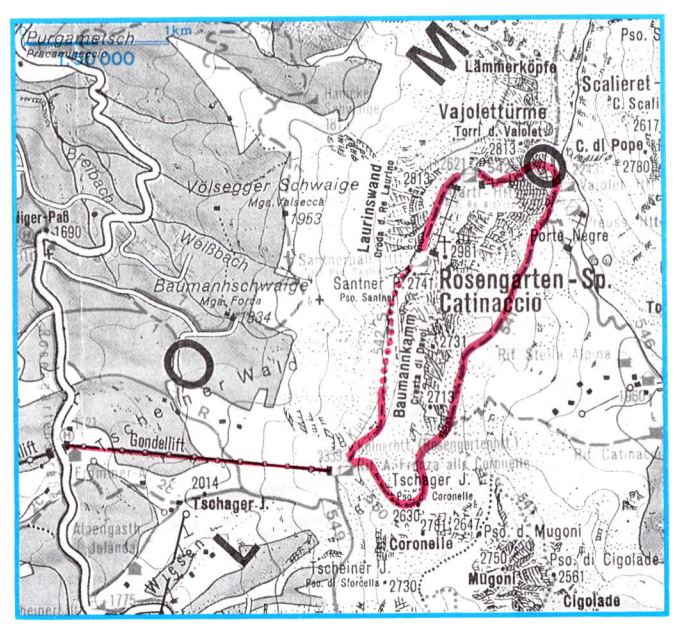

Tourenverlauf: Von der Nigerstraße, 5 km vom Karer Paß Richtung Nigerpaß, schweben wir mit dem Gondellift zur 2.339 m hohen Kölner Hütte. Direkt hinter der Hütte, gleich zu Beginn über einen Felsklapf (Markierung 542/S) zu einem breiten Geröllfeld, das wir nach links durchqueren, um dann entlang eines Felsbandes nordwärts an Höhe zu gewinnen. Nun mit mehr Spannung über eine enge Einsattelung in eine enge Schlucht; über eine Eisenleiter und mit Drahtseilen versehene Passagen einem markanten Turm entgegen. Die Tief- und Fernblicke laden zu einer Verschnaufpause ein, bevor wir ca. 30 m in eine »Eisrinne« abklettern und diese passieren. (Insbesondere im Frühjahr Achtung geboten, Seilsicherung empfehlenswert). Durchgehend mit Fixseilen versehen, klettern wir links von der »Eisrinne« über ein Wandl empor. Zum Schluß noch genießerisch durch einen Riß und schon stehen wir am Santnerpaß mit der gleichnamigen Hütte, zu dessen Füßen sich das

Vajolettürme mit Gartlhütte

»Gartl« mit den markant aufragenden Vajolettürmen ausbreitet. Nun über Schutthalden hinab in den Kessel mit der Gartlhütte und weiter über schrofige Felsen zur Vajolethütte. Von dort noch einige Kehren entlang des breiten Güterweges bergab, dann nach rechts, zu Beginn ansteigend, der Markierung 541 folgend. Nach unbeschwerlicher Querung verlassen wir vor einem Felskopf diese Markierung und steigen durch das Schuttkar zum Tschager Joch auf. Vom Tschager Joch im Zickzack über Geröllhalden bergab und vor Erreichen der Kölner Hütte (Nr. 550) abermals über das schon am Morgen durchstiegene Felsband.

46 Klettertour: Santnerpaß – Rosengartenspitze, 2.981 m

Ausgangspunkt: Santnerpaß
Parken: Pera im Fassatal oder Parkplatz bei der Frommer Alm
Höhenunterschied: 240 m
Wanderzeit: 3 Std.
Schwierigkeitsgrad: schwierig! (nur für Kletterer)
Einkehr: Santnerpaßhütte

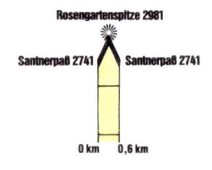

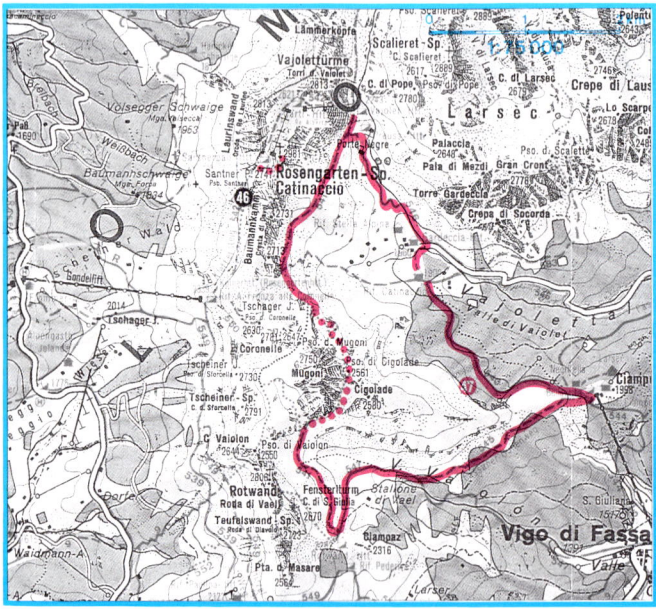

Tourenverlauf: Das mächtige Massiv der Rosengartenspitze bietet Kletterern Aufstiegsrouten mit verschiedensten Schwierigkeitsgraden. Hier soll die Normalführe, welche Schwierigkeiten vom II.–III. Grad aufweist, vom Santnerpaß durch die Westwand und über den Nordgrat beschrieben werden. Den Santnerpaß erreichen wir von der Kölner Hütte oder von Gardeccia im Fassatal über die Vajolethütte und der Gartlhütte (Markierung Nr. 542). Vom Santnerpaß scharf links hinauf durchs Geröll zu den Felsen. Durch den steilen, gutgriffigen Kamin hinauf, bis sich dieser zu einem Kessel weitet. Nun nach links in die Wand hinaus und über dieser in ausgesetzter Kletterei gerade empor. Vor Erreichen der rotgelben Wände kehrt man nach rechts in die vorher verlassene Schlucht zurück. Aus ihr durch den Kamin hinauf auf den Nordgrat. Entweder entlang der Gratschneide oder links (östlich) davon klettern wir nun südwärts zum Gipfel, mit prachtvoller Sicht. Abstieg wie Aufstieg.

Santner Klettersteig mit Blick auf Welschnofen

47 Bergwanderung: Pera – Gardeccia – Cigoladepaß – Rotwandhütte – Fassaner Höhenweg – Gardeccia – Pera

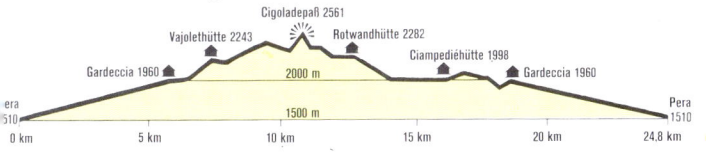

Ausgangspunkt: Pera im Fassatal
Parken: Pera
Höhenunterschied: 1.050 m
Wanderzeit: 7½ Std.

Schwierigkeitsgrad: mittel!
Einkehr: Vajolethütte, Rotwandhütte, Bellavista
Karte: siehe Seite 84

Tourenverlauf: Vom Fassatal zweigt bei Pera eine schmale Straße ab, die ins Vajolettal führt. Wir parken jedoch bereits in Pera und müssen die 6 km zur Gardeccia-Hütte gehen. Zuerst auf einem breiten Güterweg taleinwärts, dann auf einem Wanderweg zur Vajolethütte, umgeben von stolzen Wänden, Türmen und Zacken. Zwei Kehren unterhalb der Hütte zweigt der Steig Nr. 541 ab, der nach anfänglicher Steigung am Fuße der steil abfallenden Wände südwärts quert und schließlich in einigen Kehren zum Cigoladepaß hinaufführt. Die Wände der Rotwandspitze im Blickfeld geht's nun bergab und nach Querung eines Talkessels flach zur Rotwandhütte. Diese verlassen wir links haltend, leicht fallend, und wandern entlang des Fassaner Höhenweges zur Ciampediéhütte (Bergstation der Seilbahn), von wo wir meist durch den Wald nach Gardeccia und Monzon zurückkehren.

㊽ Klettersteig: Kesselkogel Überschreitung

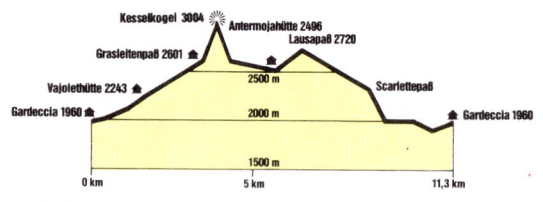

Ausgangspunkt: Pera im Fassatal
Parken: Pera
Höhenunterschied: 1.040 m
Wanderzeit: 6 Std.

Schwierigkeitsgrad: schwierig, Schwindelfreiheit und Trittsicherheit Voraussetzung!
Einkehr: Vajolethütte, Grasleitenpaßhütte, Antermojahütte

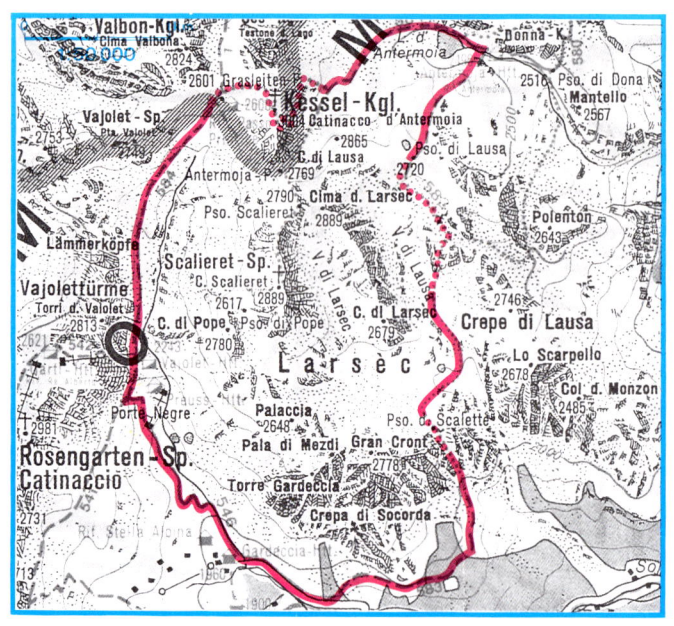

Tourenverlauf: Die Gardeccia-Hütte erreichen wir wie bei der Tour 47 beschrieben. Von dort auf breitem Weg, nur leicht ansteigend, zur Vajolethütte, südöstlich der weltbekannten Vajolettürme. Weiter in derselben Richtung taleinwärts (Nr. 584), den Kesselkogel mit seinen Steilflanken im Mittelpunkt der Rosengartengruppe im Blickfeld, erreichen wir, zum Schluß steiler, den Grasleitenpaß mit der Grasleitenpaßhütte. Durch ein kurzes Kar nach rechts und schon stehen wir am Beginn des Klettersteiges.

Nach Erklettern einer schmalen Rinne entlang einer kurzen Leiter bergab. Nun folgt, meist drahtseilgesichert, eine über leichte Wandpassa-

Blick vom Kesselkogel auf Canazei, Antermojahütte, Sorapiss, Monte Pelmo und Marmolada

gen führende Querung nach rechts, bis man auf ein breites, nach links emporführendes, Felsband stößt, an dessen Ende man über Schrofen zuerst gerade hinauf, dann südwärts zum Gipfel gelangt, der uns aufregende Tiefenblicke zum Antermojasee und herrliches Panorama beschert. Abstieg wie Aufstieg.

Variante: Vom Gipfel besteht die Möglichkeit, entlang eines anspruchsvolleren Klettersteiges – Südgrat, Geröllband, zwei Leitern – und zum Schluß über Geröll zum Antermojasee abzusteigen. Am Ende des Sees, an der Antermojahütte vorbei, müssen ca. 250 Höhenmeter überwunden werden (Passo di Lausa), bis sich der Weg (Nr. 583) nach Querung eines Tales durch ein Kar in den Wald hinunterschlängelt. Westwärts durch Latschenbestände kehren wir nach Gardeccia zurück. Nicht schwindelfreie Berggeher können den Anstieg zum Kesselkogel meiden, indem sie vom Grasleitenpaß über den Antermojapaß zum Antermojasee weiterwandern und sich am Anblick der senkrechten Wände erfreuen.

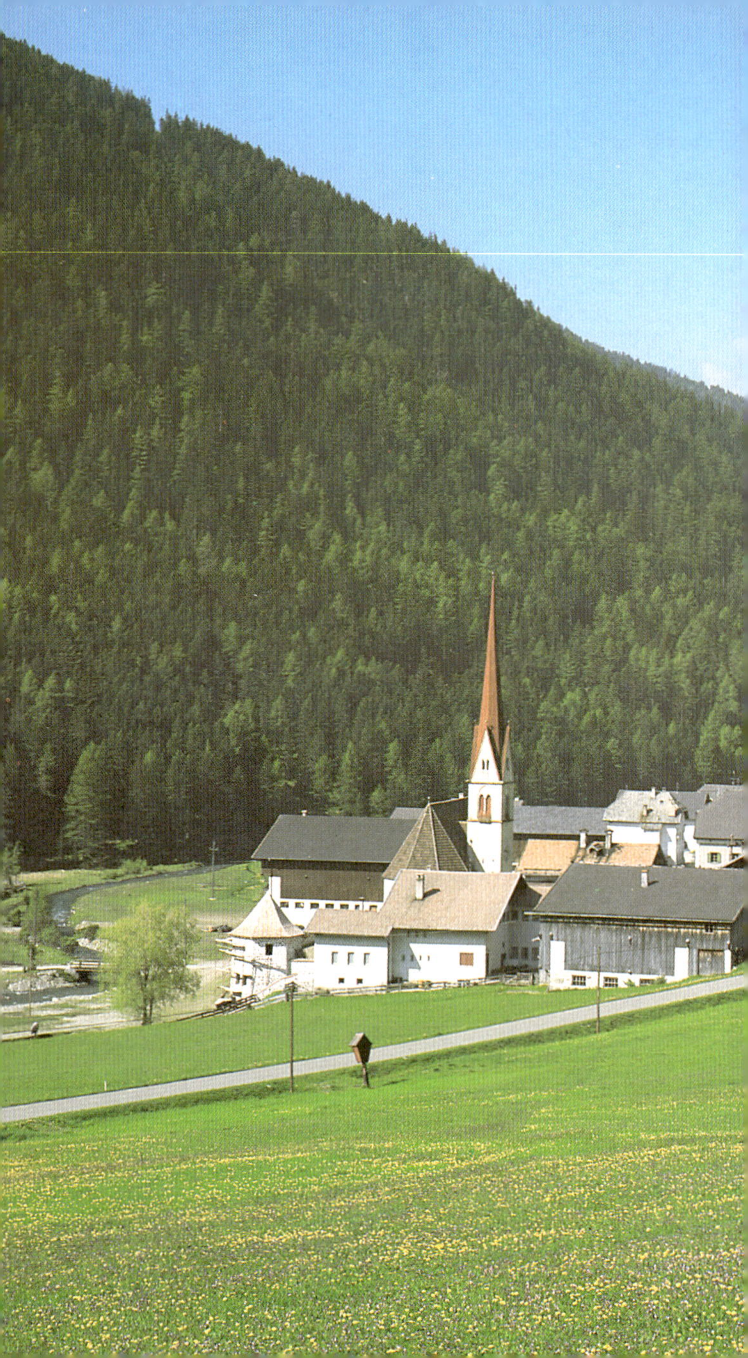

Sarntal

Sarntal

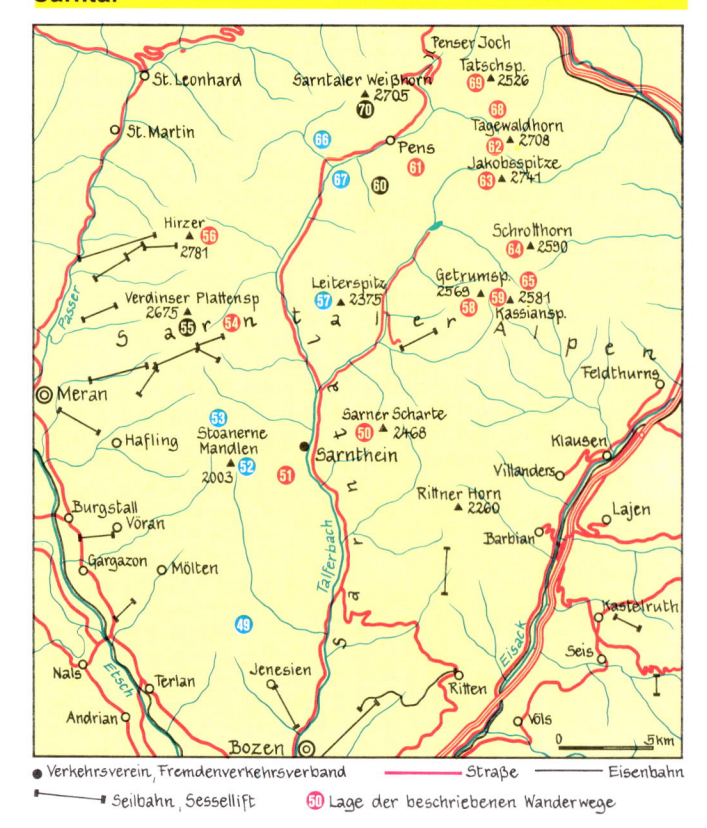

● Verkehrsverein, Fremdenverkehrsverband ——— Straße ——— Eisenbahn
⊢—⊣ Seilbahn, Sessellift   🔴50 Lage der beschriebenen Wanderwege

Die Sarntaler Alpen werden im Westen vom Passeier- und Jaufental, im Norden und Osten in einem weiten Bogen vom Eisack umschlossen, während ihre südlichen Ausläufer die Etsch abschließt. Der westliche und mittlere Teil der Sarntaler Kette werden durch das Bett des Talferbaches geteilt, der von der Wasserscheide des Penser Joches kommt. Die mittlere und östliche Kette der Sarntaler Alpen trennen Durnholzer- und Seebach voneinander. Nördlich des Villanderer Berges, am Tagewaldhorn, stoßen beide Gebirgsketten zusammen. Das Gebiet zwischen Sarnthein und dem Rittner Horn, 2.260 m, ist reich an bewaldeten Höhenzügen, die Felskämme krönen. Die Porphyrplatte, am Rittner Horn beginnend, dehnt sich erst gegen Westen bis zur Sarner Scharte, 2.468 m, aus und steigt dann zum Villanderer Berg, 2.509 m, auf. Westlich des Talferlaufes erheben sich die Pyramiden und Gipfel der Dorfer Nock, 1.840 m, der Steinernen Mandln, 2.003 m, und des Kreuzjochs.

Schloß Reinegg

Ortsbeschreibung:

Das SARNTAL mit SARNTHEIN

Gemeinde, Provinz Bozen, Einwohnerzahl: 6300, Seehöhe: 961 m, Postleitzahl: I-39058. **Auskunft**: Tourismusverein Sarntal. **Bahnstation**: Bozen (20 km). Busverbindung mit Bozen und Durnholz.

Die Ortschaften des Sarntales, deren Hauptort Sarnthein ist, sind zur Gemeinde Sarntal zusammengefaßt. Das Sarntal zieht sich von Bozen der Talfer entlang nach Norden, bei Astfeld gabelt es sich in zwei Täler, das Penser- und Durnholzertal. Eingeschnitten in die Felslandschaft der Bozner Porphyrplatte stellt das Sarntal, von oberhalb der Sarner Schlucht an, bis zu seinem Ende bei Bozen, einen der romantischsten Flußdurchbrüche Tirols dar. Der obere Rand der Schlucht wird von Ruinen und Burgen gekrönt, auf dem 200 Meter hohen Porphyrfelsen des Johanniskegels steht ein Kirchlein. Nördlich von Bundschen weitet sich das Tal, um dann bei Sarnthein zu einem waldumsäumten Kessel zu werden. Die malerische Ortschaft liegt zwischen Obstkulturen und Wiesenland. Alte Ansitze und mehrere Ruinen erlauben einen Einblick in die Geschichte des Ortes an der alten Penser Jochstraße. Die Sarntaler gelten in Südtirol als besonders eigenständig. Ihr oft pfiffiger Humor, aber auch ihre trockene bedächtige Art haben sich in den Geschichten vom Sarntaler-Toni niedergeschlagen.

Sehenswert

Die **Pfarrkirche St. Cyprian**. – **Schloß Reinegg**. – **Turm Kränzelstein**. – Die **Kellerburg**. – **Ansitz Unterreinegg**, renoviert.

Wanderungen und Bergtouren im Sarntal

49 Wanderung: Afing – Tomanegger – Flaas – Afing

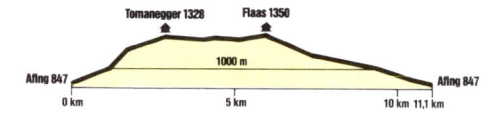

Ausgangspunkt: Afing (Jenesien)
Parken: Gasthof Pockschin
Höhenunterschied: 560 m

Wanderzeit: 4 Std.
Schwierigkeitsgrad: leicht!
Einkehr: Jausenstation Tomanegger, Flaas

Tourenverlauf: Fährt man mit dem Auto von Bozen nach Jenesien, zweigt vor Erreichen des Dorfes die Straße nach Afing ab, einer kleinen Siedlung am Osthang des Tschögglberges hoch über dem Sarntal. Wenn sich unser Auge schon des Blickes auf Afing erfreut, schlängelt sich die schön angelegte Straße in ein tiefes Bachbett. Dort, im Talgrund des Afinger Baches, beim Gasthof Pockschin, parken wir unser Auto. Hier zweigt die Markierung T ab, die durch den Bannwald und Hinternobls zur Jausenstation Tomanegger führt. Die saftigen Wiesen und Lärchenwälder und das herrliche Panorama laden uns zu einer Rast ein, bevor wir entlang der Fahrstraße nach Flaas weiterwandern. Es besteht auch die Möglichkeit, der Straße auszuweichen, indem man weiter der Nr. T folgend, über Almwiesen zu dem von Jenesien nach

Lafenn führenden Wanderweg (Nr. 1) aufsteigt, entlang diesem nach Lafenn weiterwandert und in gleicher Richtung nach Schermoos (Straße) absteigt. Von dort führt eine Schotterstraße nach rechts, leicht fallend, zum nahe gelegenen Flaas. Von Flaas der Markierung 3 folgend über Lebenberg zum Afinger Bach und durch den Wald meist auf einem Güterweg hinab auf die Afinger Straße, östlich vom Gasthaus Pockschin, unserem Ausgangspunkt.

Sarner Scharte

50 Bergtour: Sarnthein – Sarner Scharte, 2.468 m

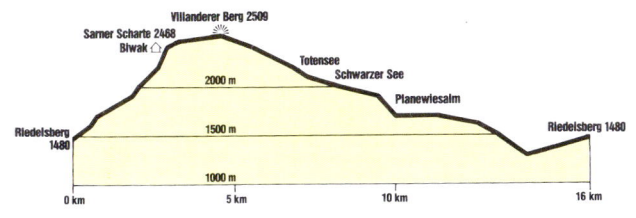

Ausgangspunkt: Sarnthein
Parken: Riedelsberg, Haller
Höhenunterschied: 960 m

Wanderzeit: 5 Std.
Schwierigkeitsgrad: mittel!

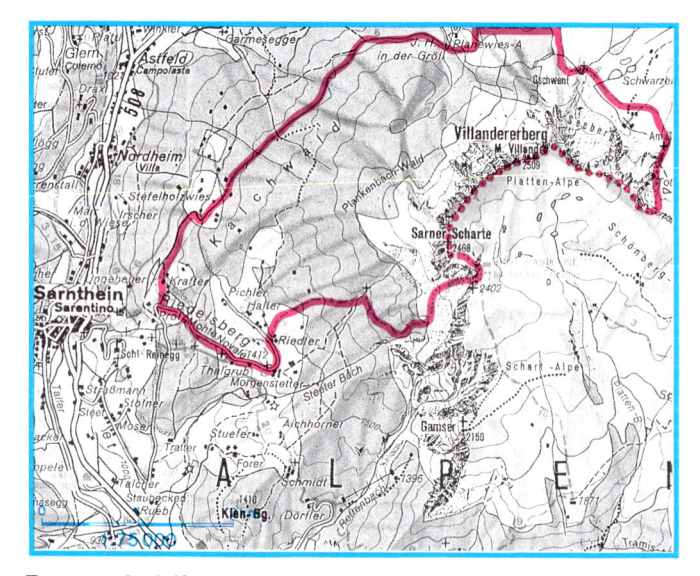

Tourenverlauf: Kurz vor der Kreuzung Sarnthein Dorf – Astfeld zweigt von der Geraden eine schmale Straße nach rechts ab und schlängelt sich in mehreren Kehren zu den Bergbauernhöfen am Riedelsberg empor. Am höchsten Punkt der Straße (Nähe Haller, stattlicher Hof an der rechten Straßenseite) parken wir unser Auto und folgen ein Stück tiefer im Bachbett der Zufahrtsstraße zum Riedler. Dort stoßen wir auf die Markierung Nr. 3, die nach Durchstreifung der Wiesen, entlang eines Waldweges uns den mächtigen Wänden der Sarner Scharte näherbringt. An einem Wegkreuz angelangt, queren wir die Legföhrenbestände, rechtshaltend, und erreichen schließlich die Felshalden, die uns beim Aufstieg zur Sarner Schartenhütte (Biwak) begleiten. Kurz vor Erreichen der Scharte weist ein Schild auf den »Pfuschersteig«, der die Möglichkeit bietet, die letzten Höhenmeter über waghalsige Leitern emporzuklettern. Vom Biwak erreichen wir in wenigen Minuten die 2.468 m hohen Sarner Scharte, die uns einen herrlichen Rundblick bietet.

Abstieg wie Aufstieg, oder bedeutend länger über das Totenkirchl. Von der Sarner Scharte queren wir den weiten Talkessel zum Villanderer Berg, 2.509 m, Nr. T. Von dort steigen wir, zuerst am Rücken bleibend, dann links haltend zum Totenkirchl ab. Zwischen aufgelassenem Bergwerk und Schwarzen See, der Nr. 6 folgend, gilt es noch einige Höhenmeter zu bewältigen, bevor wir die Blockhalden nach links queren, später durch den Wald wandern und schließlich auf einen Forstweg stoßen, den wir wieder nach links verlassen (Markierung Nr. 6). Nach Querung einer Wiese verlassen wir die Markierung und folgen dem breiten Waldweg, der schließlich bei unserem Ausgangspunkt endet.

51 Wanderung: Sarnthein – Putzenkreuz – Afing – Moarhäusl

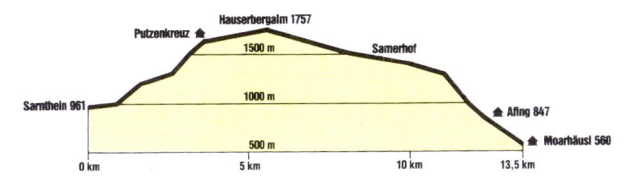

Ausgangspunkt: Sarnthein
Parken: Sarnthein Dorf
Höhenunterschied: 1.150 m
Wanderzeit: 5½ Std.

Schwierigkeitsgrad: mittel!
Einkehr: Putzenkreuz, Afing
Karte: siehe auch Seite 96

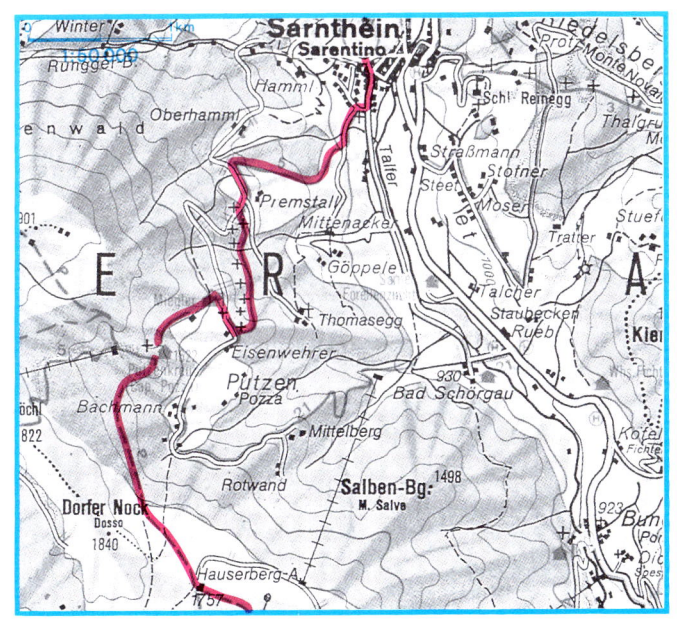

Tourenverlauf: Entlang der zur Sarner Skihütte führenden Straße, rechts (orographisch) von der Kirche, bergauf, bis die Markierung Nr. 5 schon bald nach links abzweigt (Schulgebäude). Der Weg führt an den Häusern vorbei durch Wiesen und Wald bergauf und mündet in die Fahrstraße. In der ersten Rechtskehre wird diese wieder verlassen und entlang eines steilen Waldweges (Stationen) aufgestiegen. Kurz vor den Putzenhöfen queren wir erneut die Straße und folgen weiter dem Weg Nr. 5, der die Wiesen der Putzenhöfe rechts umgeht und in weiteren 20 Min. Wanderzeit zum Putzenkreuz hinaufführt. Die Putzenhöfe können von Sarnthein aus auch mit dem Auto erreicht werden. Von der zur Sarner Skihütte führenden Straße (vor der Kirche Pflasterstraße hinauf)

zweigt in der ersten Rechtskehre (Gehöft) nach links die Straße nach Putzen ab. An der Hausfront der Jausenstation Putzenkreuz nach links leicht fallend auf schmalem Steig (P) ins Bachbett. Weiter entlang von Almwiesen und durch den Wald, bis wir auf einen alten Pflasterweg stoßen. Diesem folgend bergauf, über sumpfige Bergwiesen nach links zur Hauserbergalm. Von dieser urigen Alm geradeaus dem Zaun entlang; weiter über die Almwiesen nach rechts, an Almhütten vorbei, bis wir am rechten Rücken einen Güterweg erreichen – Markierung nur schwer auffindbar. Diesem folgend entlang des Rückens bergab, dann durch den Wald zum Samerhof. Bei diesem links zum Perkmann und über Rohrwies bergab nach Afing. Kurz vor der St.-Nikolaus-Kirche zweigt dort der Steig Nr. 3 ab, der zum Moarhäusl im Sarntal führt.

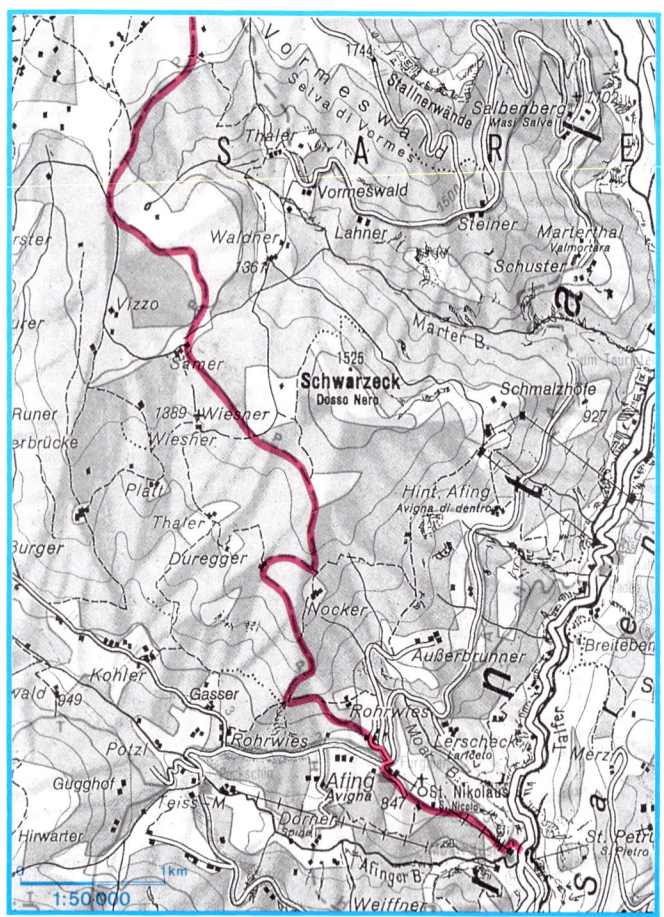

(52) **Wanderung:** Sarnthein – Sarner Skihütte – Auenjoch – Stoanerne Mandlen – Putzenkreuz – Sarnthein

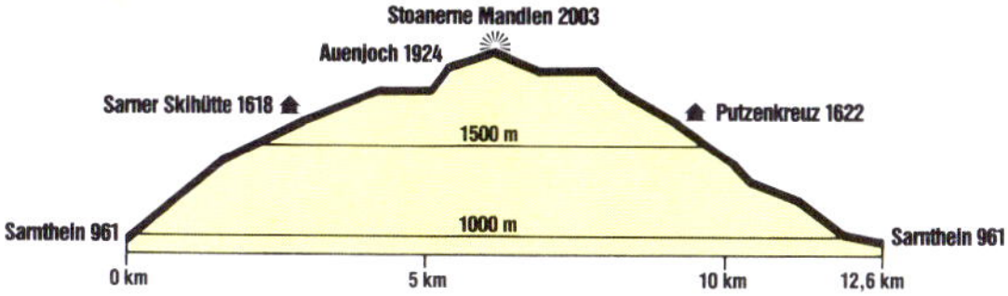

Ausgangspunkt: Sarnthein
Parken: Sarnthein Dorf
Höhenunterschied: 1.000 m
Wanderzeit: 5 Std.

Schwierigkeitsgrad: leicht
Einkehr: Sarner Skihütte, Auenalm, Putzenkreuz

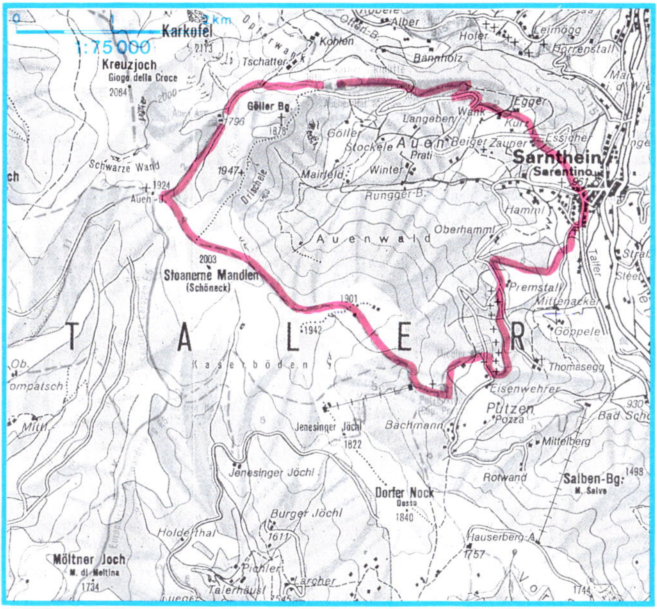

Tourenverlauf: Wie unter Nr. 53 beschrieben, erreichen wir von Sarnthein ausgehend das Auenjoch. Von dort wandern wir leicht ansteigend, der Markierung P folgend, Richtung Südosten zu den schon von weiten ersichtlichen »Stoanernen Mandlen« (angeblich vorgeschichtliche Kultstätte). Den mit Alpenrosen bewachsenen Hang hinunter und weiter zum nächsten Rücken, der auf der Sarner Seite, dem alten Holzzaun folgend, umgangen wird (Nr. P). Über die Putzenwiesen hinunter gelangen wir, an einer Almhütte vorbei, zu dem in schattiger Lage inmitten des Waldes erbauten Putzenkreuz mit einem kleinen Kirchlein. Nr. 5 folgend links an der Jausenstation vorbei und steil durch den Wald. Nach Querung der Straße, den 14 Stationen folgend, hinunter nach Sarnthein.

53 **Wanderung:** Sarnthein – Sarner Skihütte – Auenjoch – Kreuzjoch – Maiser Rast – Kreuzjöchl – Sarnthein

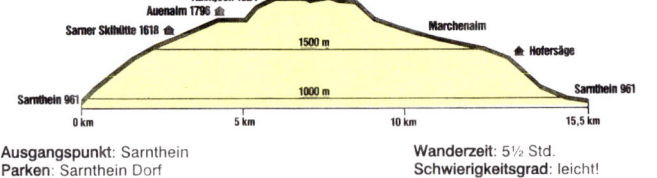

Ausgangspunkt: Sarnthein
Parken: Sarnthein Dorf
Höhenunterschied: 1.100 m

Wanderzeit: 5½ Std.
Schwierigkeitsgrad: leicht!
Einkehr: Sarner Skihütte, Auenalm

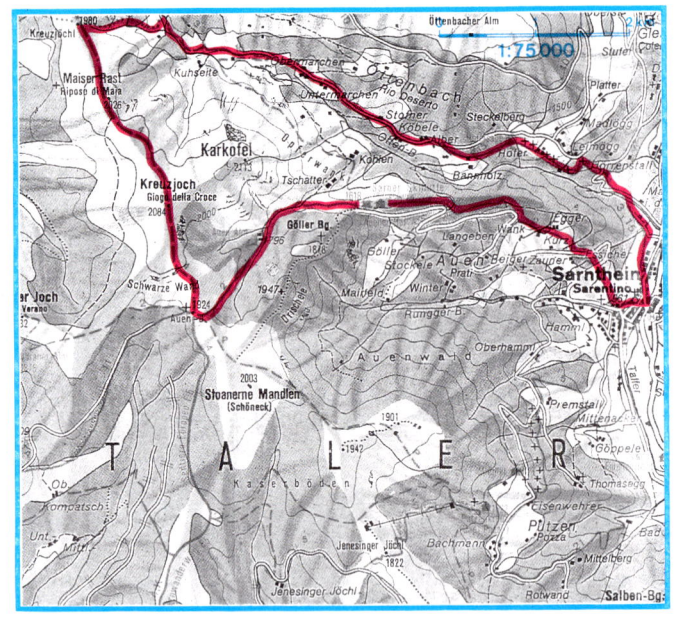

Tourenverlauf: Von der Kirche von Sarnthein führt eine enge Pflasterstraße bergauf, welche bald in eine schön angelegte, zur Sarner Skihütte führende Straße mündet. An einer Brücke (Engstelle) zweigt die Markierung Nr. 2 nach rechts ab und führt durch Wiesen an stattlichen Bauernhöfen vorbei, allmählich in den Wald übergehend, zur Sarner Skihütte. Weiter der Nr. 2 folgend (Güterweg) ins Bachbett. Entlang der orographisch linken Bachseite auf eher steilem Güterweg zur Auenalm und über saftige Almwiesen und dichte Alpenrosenbestände fast eben zum Auenjoch. An dieser wichtigen Kreuzung folgen wir der Nr. 4 Richtung Kirchsteiger Alm. Leicht ansteigend Richtung Norden zum Kreuzjoch und weiter am Rücken bleibend an der Maiser Rast vorbei zum

Sarnthein

Kreuzjöchl, von wo wir der Nr. 15 folgend an mehreren Gehöften vorbei (zum Teil auf der Straße) nach Sarnthein absteigen. Zur Kürzung der beschriebenen Wanderung kann zur Sarner Skihütte aufgefahren werden und vom Kreuzjöchl absteigend übers Alber Bödele wieder dorthin zurückgekehrt werden.

54 **Wanderung:** Aberstückl – Kratzberger See – Missensteiner Jöchl – Aberstückl

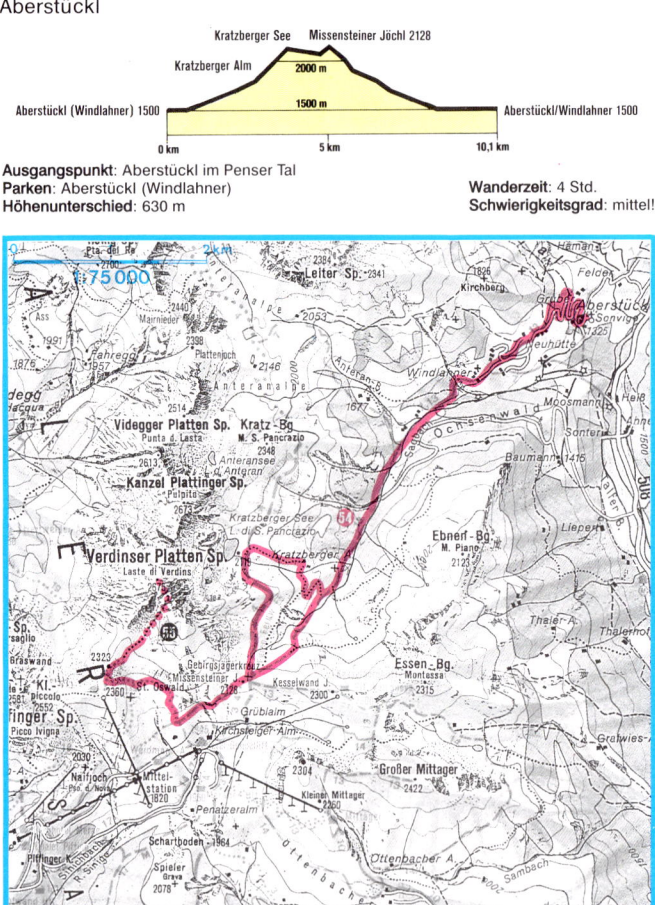

Ausgangspunkt: Aberstückl im Penser Tal
Parken: Aberstückl (Windlahner)
Höhenunterschied: 630 m

Wanderzeit: 4 Std.
Schwierigkeitsgrad: mittel!

Tourenverlauf: Wie unter Nr. 56 beschrieben, erreichen wir die Durralm im nur wenig durchwanderten Sagbachtal von Aberstückl, einer idyllischen Bergsiedlung im Sarntal. Links an der Almhütte vorbei folgen wir weiter der Markierung Nr. 13, welche meist entlang des stark vermurten und mit Schotter verschütteten Bachbettes taleinwärts führt. An der Kaserhütte angelangt, verlassen wir die Markierung, welche weiter taleinwärts im Zickzack zum Missensteiner Jöchl emporführt.

Den Hang rechts von der Hütte aufsteigend (Weg vorhanden, keine Markierung), gelangen wir zur Kratzberger Alm. Weiter querfeldein (weder Steig noch Markierung vorhanden) über Alpenrosen und Zwergstrauchheiden an einem uralten Baum vorbei zum Kratzberger See (Wasserlauf dient der Orientierung). Den einsamen Gebirgssee am Fuße der Verdinser Plattenspitze verlassen wir nach ausgiebiger Rast Richtung Missensteiner Jöchl (Süden), der Markierung E 5 folgend. Vom Missensteiner Jöchl, von wo sich uns ein Blick in das Skigebiet von Meran 2.000 öffnet, steigen wir zur Kaserhütte ab (Nr. 13) und wandern von dort entlang des schon im Aufstieg benutzten Weges zum Ausgangspunkt zurück.

55 Bergtour: Aberstückl – Missensteiner Jöchl – Verdinser Plattenspitze, 2.675 m

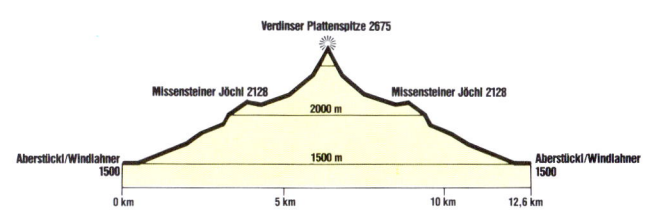

Ausgangspunkt: Aberstückl im Penser Tal
Parken: Aberstückl (Windlahner)
Höhenunterschied: 1.180 m

Wanderzeit: 4 Std. Aufstieg, 3 Std. Abstieg
Schwierigkeitsgrad: nur für Geübte!
Karte: siehe Seite 100

Tourenverlauf: Von Aberstückl bis zum Missensteiner Jöchl laut Beschreibung der Wanderung 54. Vom Gebirgsjägerkreuz am Missensteiner Jöchl geht es leicht abwärts Meran 2.000 zu, bis rechts der Pfad zum bereits sichtbaren St. Oswald Kirchlein abzweigt. Nun folgen wir der Skipiste bis zur großen Linkskurve am Fuße der Verdinser Plattenspitze. Von dort bestehen zwei Aufstiegsmöglichkeiten:

Einmal ostwärts bis zur breiten, schottergefüllten Rinne, welche den kleinen (Wintergipfel) vom großen »Plattinger« trennt. Der einst angelegte Steig durch diese Rinne ist durch Verwitterung stark beschädigt und nicht auffindbar. Auf der Scharte beginnt ein Steig, welcher über einen teils ausgesetzten Felsgrat zum Gipfel führt und teilweise mit Drahtseilen versehen wurde (Schwindelfreiheit und Trittsicherheit Voraussetzung).

Der zweite Aufstieg befindet sich in der Talrinne, welche direkt vom Hauptgipfel herunterkommt. Über Geröllhalden wird der Einstieg am Beginn des Tales erreicht. Nach einer anfänglichen Kletterei direkt in der Talrinne muß man über Platten nach rechts aussteigen, um schließlich über grasdurchsetzten Fels den von rechts kommenden Grat zu erreichen. Nach Überwindung des Felsgrates betritt man den Gipfel, an dessen Fuße man den Kratzberger See glitzern sieht. Der Abstieg erfolgt am Anstiegsweg zurück nach Aberstückl.

56 Gipfeltour: Aberstückl – Hirzerspitze, 2.781 m

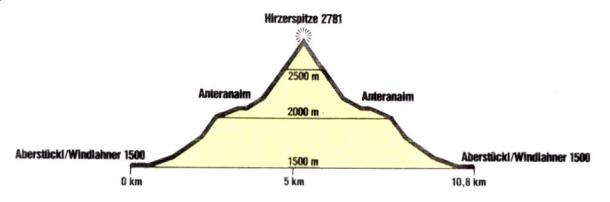

Ausgangspunkt: Aberstückl im Penser Tal
Parken: Aberstückl (Windlahner)
Höhenunterschied: 1.280 m

Wanderzeit: 6½ Std.
Schwierigkeitsgrad: mittel!

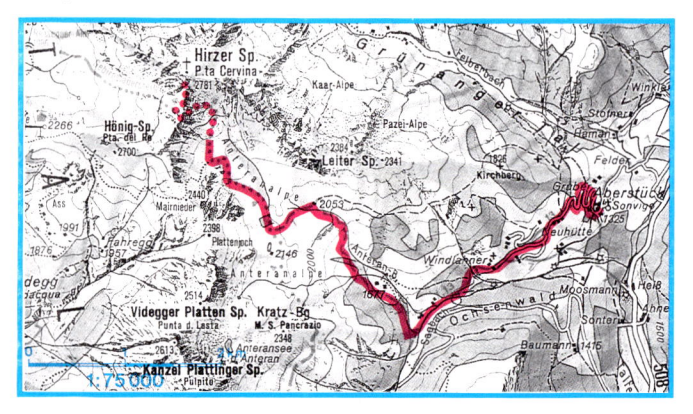

Tourenverlauf: Von Astfeld ins Penser Tal fahrend, zweigt nach 7 km eine schmale Straße nach links ab und führt bergauf nach Aberstückl. Auf dieser schmalen Straße fahren wir an der Kirche vorbei und die Kehren empor (bei der Kreuzung rechts halten) bis in die Kehre direkt unter einem Gehöft (Oberwindlahner). Hier zweigt die Markierung Nr. 13 nach links zum Unterwindlahner ab, quert ein stark der Erosion ausgesetztes Bachbett und führt schließlich ohne nennenswerte Steigung entlang des Sagbaches zur Durralm. Direkt neben der Almhütte zweigt die Markierung Nr. 7 nach rechts ab und windet sich anfangs durch den Wald, dann an zwei Almen vorbei über nun steiler werdendes Gelände hinauf zur Anteranalm, im flachen Talkessel am Fuße der Hirzerspitze. Entlang der Almböden wandern wir, links bleibend, taleinwärts, bis wir im Talgrund auf den Gebirgsjägersteig Nr. 4 (E 5) stoßen (in der Nähe der Anteranlacken). Auf diesem steigen wir zuerst über Weiden, dann über Geröll und Fels der höchsten Erhebung der Sarntaler Alpen entgegen. Der Rundblick und die überraschend vielen Gipfelstürmer (von der Hirzer Seilbahn kommend) lassen uns den anstrengenden, einsamen Aufstieg vergessen. Abstieg wie Aufstieg.
Weitere Wanderungen finden Sie im KOMPASS-Wanderbuch Meran – Burggrafenamt, Verlagsnummer 951, erschienen in diesem Verlag.

Astfeld im Sarntal

57 **Bergtour:** St. Valentin – Leiterspitz, 2.375 m – (Rabenstein)

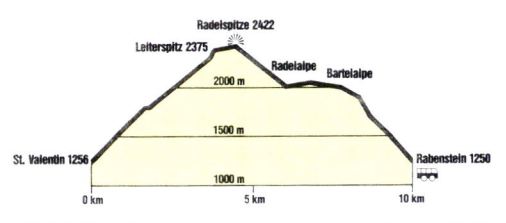

Ausgangspunkt: Astfeld im Sarntal
Parken: St. Valentin
Höhenunterschied: 1.125 m

Wanderzeit: 5$^{1}/_{2}$ Std.
Schwierigkeitsgrad: leicht!

Tourenverlauf: Von Astfeld Richtung Durnholz fahrend, zweigt nach 2,5 km eine Straße nach links ab, quert einen Bach und führt an mehreren Höfen vorbei nach St. Valentin. Direkt oberhalb vom Kirchlein, beim

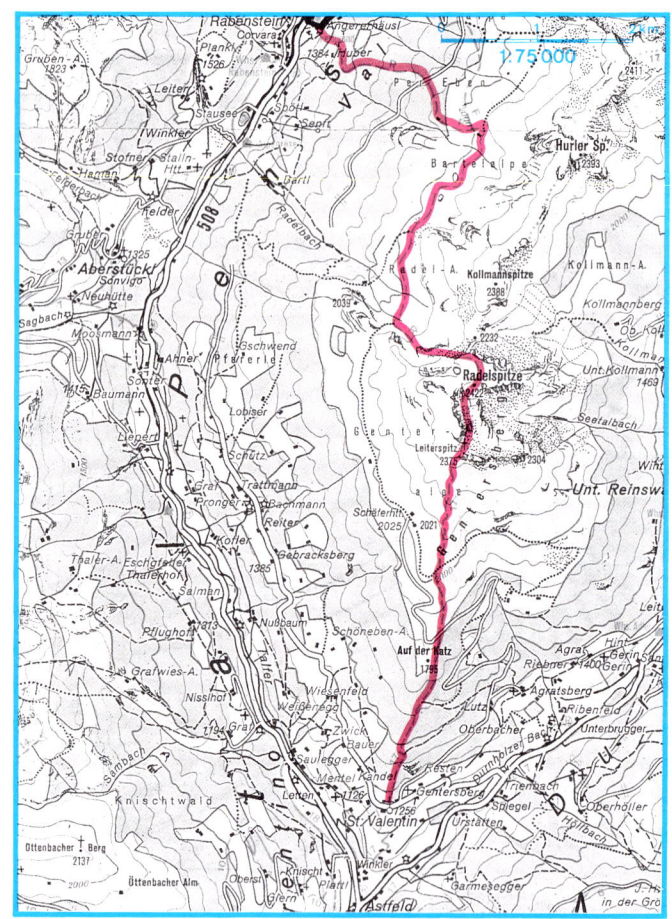

Gitter, starten wir diese Tour. Der Markierung 17 folgend, geht's bergauf: Zuerst durch die Wiese, dann durch den Wald und nach Querung der Schotterstraße ein Stück auf steilem Waldweg bis allmählich die Almwiesen beginnen. An der ersten Almhütte führt ein alter Weg nach rechts am Hügel vorbei und später über Mulden dem direkt vor uns stehenden Gipfel entgegen. Abstieg wie Aufstieg.

Variante: Gratwanderung zur Radelspitze, an deren Hang ein kleiner Gebirgssee (Gentersee) glänzt. Von dort führt die Markierung R aufs Kollmannjöchl und nach Querung der Hänge der Kollmannspitze durch den Wald bergab nach Rabenstein im Penser Tal. Vor Erreichen des Kollmannjöchls ist dort eine schwierige, mit Seil versehene Kletterstelle zu überwinden.

(58) **Bergtour:** Reinswald – Pfnatschalm – Getrumjoch, 2.571 m – (Getrumsee) – Reinswald

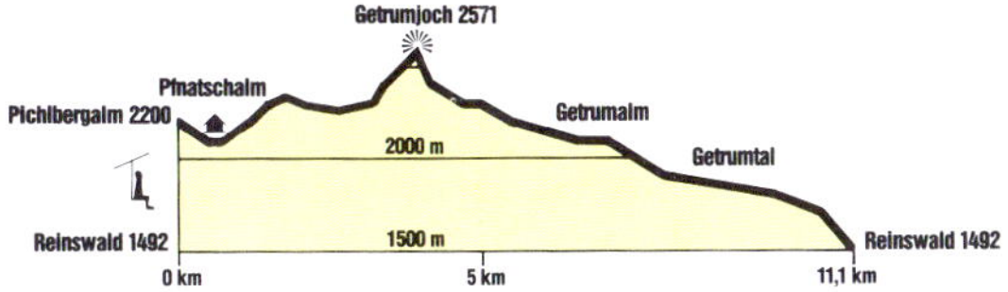

Ausgangspunkt: Reinswald im Durnholzer Tal
Parken: Talstation des Sesselliftes
Höhenunterschied: 480 m

Wanderzeit: 4 Std.
Schwierigkeitsgrad: mittel!
Einkehr: Pfnatschalm

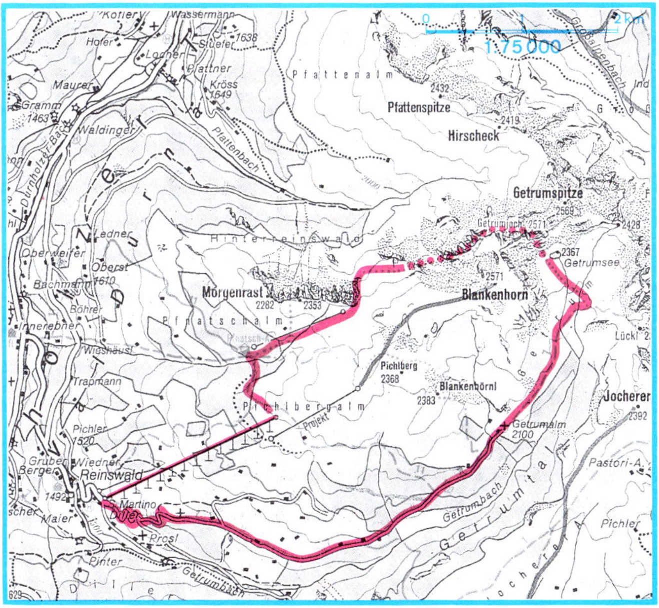

Tourenverlauf: Von der Bergstation des Sesselliftes entlang der Skipiste – ausgebaggerter Weg – leicht fallend zur Pfnatschalm. Von dort führt eine nur schwer auffindbare Markierung (rote Punkte) rechts vom Schlepplift über die Mulden bis auf den Grat und diesem folgend über Felshalden bis zur Getrumspitze. Abstieg wie Aufstieg.
Variante: Vom Getrumjoch (rechts vom Gipfelkreuz) kann über unwegsames Gelände (steile Schutthalden) zum Getrumsee hinuntergewandert werden. Den Kessel weiter absteigend, gelangt man auf den vom Latzfonser Kreuz an der Getrumalm vorbei nach Reinswald führenden Weg (Nr. 7), der bei stetigem Gefälle zuerst durch Wald, dann über sonnige Wiesen zum Lift leitet.

59 Bergtour: Reinswald – Latzfonser Kreuz – Kassianspitze, 2.581 m

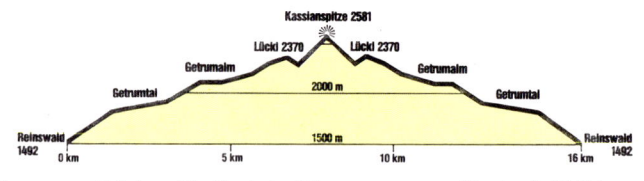

Ausgangspunkt: Reinswald im Durnholzer Tal
Parken: Talstation des Sesselliftes
Höhenunterschied: 1.030 m

Wanderzeit: 5½ Std.
Schwierigkeitsgrad: mittel!
Einkehr: Latzfonser Kreuz

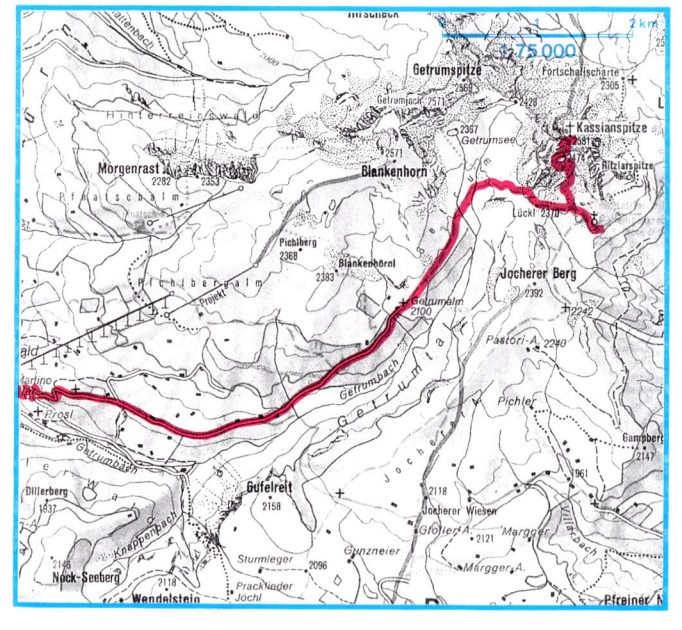

Tourenverlauf: Vom Parkplatz des Winterskigebietes Reinswald führt ein Güterweg geradeaus in das Getrumtal, den die Markierung Nr. 7 zu Beginn abkürzt. In mäßiger Steigung an Lärchenbeständen und Almwiesen vorbei taleinwärts gelangen wir zur Getrumalm. Weiter taleinwärts, den breiten Kessel zwischen Getrumspitze und Kassianspitze allmählich nach rechts querend, erreichen wir das Lückl. Beeindruckend ist der Blick aufs Latzfonser Kreuz am Fuße der Ritzlarspitze mit den steilen Wänden der Dolomiten. Ein Stück hinunter in den Talkessel, wo der vom Latzfonser Kreuz (Gasthof) kommende Steig Nr. 17 zum Gipfel führt. Über Fels- und Schutthalden am kleinen Gebirgssee vorbei nach links zum Grat und weiter zum 2.581 m hohen Gipfel. Abstieg wie Aufstieg.

60 Bergtour: Durnholz – Durnholzer Joch – Karnspitze – Kollmannspitze – Rabenstein

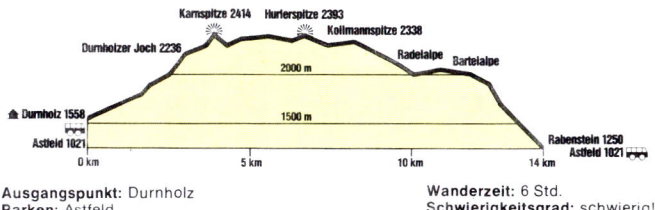

Ausgangspunkt: Durnholz
Parken: Astfeld
Höhenunterschied: 1.160 m

Wanderzeit: 6 Std.
Schwierigkeitsgrad: schwierig!
Einkehr: Gasthof Feldbrand

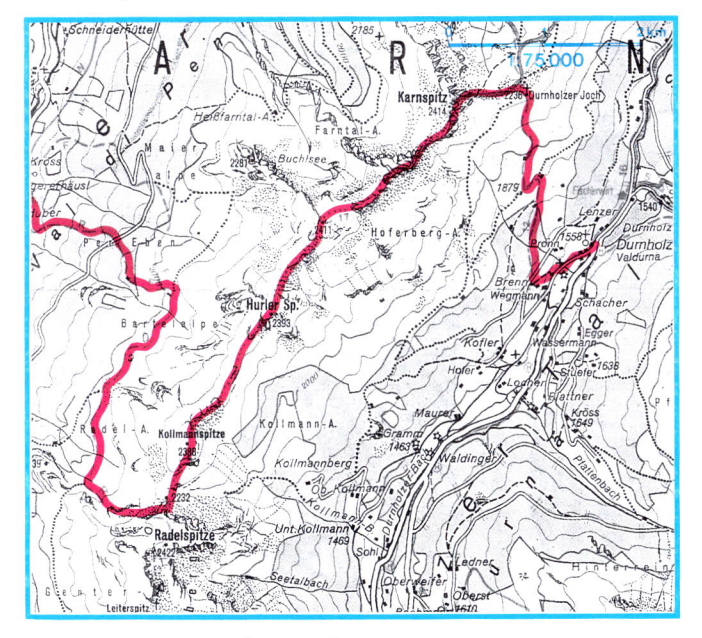

Tourenverlauf: Wie unter Nr. 61 beschrieben, steigen wir von Durnholz (Linienbus) zum Durnholzer Joch auf. Noch bevor wir das Durnholzer Joch oberhalb der Latschenbestände erreichen, zweigen wir nach links ab und besteigen, an einer verfallenen Hütte vorbei, immer am Grat bleibend, die 2.414 m hohe Karnspitze. Von dort führt ein stark verfallener Steig – Markierung nur noch an einigen Stellen auffindbar – dem nach Süden führenden Kamm entlang von einem Gipfel zum anderen (Gentersbergspitze, Hurlerspitze, Kollmannspitze). Nach 2stündiger Gratwanderung mit oft leichten Orientierungsproblemen steigen wir zum Kollmannjöchl ab. Im Westen, über dem Penser Tal, erheben sich das Sarner Weißhorn, die Alplerspitze, die Hirzerspitze und die Verdinser

Plattenspitze mit der Texelgruppe im Hintergrund. Im Osten sind die Jakobsspitze, der Villanderer Berg mit den Dolomiten im Hintergrund ersichtlich. Vom Jöchl führt die Markierung R (Radelspitze) über Zwergstrauchheiden in die Einbuchtung im Westen, quert die Hänge Richtung Norden und schlängelt sich schließlich durch den Wald bergab nach Rabenstein. Von dort kehren wir mit dem Linienbus nach Astfeld zurück.

61 Bergwanderung: Durnholz – Durnholzer Joch, 2.236 m – Pens

Ausgangspunkt: Durnholz
Parken: Durnholz
Höhenunterschied: 780 m
Wanderzeit: $3^1/_2$ Std.
Schwierigkeitsgrad: mittel!
Karte: siehe Seite 109

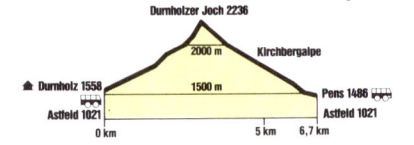

Tourenverlauf: Bei Astfeld teilt der nach Norden ziehende Gentersbergkamm das Sarntal in das Durnholzer Tal und das Penser Tal. Abgesehen von einigen Hirten wird dieser Gebirgskamm kaum begangen. Vom Durnholzer See hinauf ins Dorf, durch dessen Ortskern eine Schotterstraße zum Wegmann (Hof und Kapelle) führt. Kurz dahinter zweigt beim Gitter ein steil nach oben führender Steig (Nr. 12) ab, der schließlich wieder in die Schotterstraße mündet. Entlang dieser bis zum nächsten Gehöft – dieser Hof kann auch durch Benutzen eines Wiesenweges direkt neben dem Gasthof erreicht werden, keine Markierung vorhanden. An der Schranke (Fahrverbot) folgen wir dem nach links führenden Güterweg bis in die erste Kehre. Dort zweigt die Markierung ab, führt ein Stück durch den Wald und schließlich am linken Rand der Almwiesen – Zaun – entlang bergauf, bis er schließlich durch die dichten Legföhrenbestände das Durnholzer Joch erreicht. Über Almböden, später durch Wald, steigen wir durchs Kirchbachtal nach Pens ab.

62 Gipfeltour: Durnholz – Flaggerschartehütte – Tagewaldhorn, 2.708 m

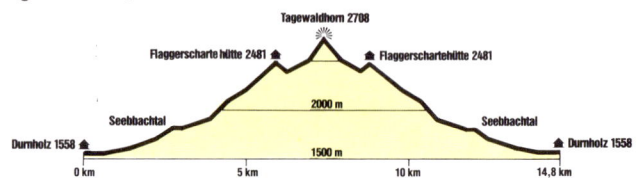

Ausgangspunkt: Durnholz
Parken: Durnholz
Höhenunterschied: 1.160 m
Wanderzeit: 7 Std.
Schwierigkeitsgrad: mittel!
Einkehr: Fischerwirt, Flaggerschartehütte

Tourenverlauf: 200 m unterhalb des Durnholzer Sees verhindert eine Schranke die Weiterfahrt. Wir wandern auf der Straße entlang des Westufers zum Fischerwirt. Ein Stück weiter vor der Brücke folgen wir der nach links abzweigenden Straße ins Seebachtal, bis, nach Querung des Baches, in der Rechtskehre die Markierung Nr. 16 geradeaus weiterführt. An einer Alm vorbei werden die mit Legföhren bewachsenen Hänge gequert, bis das zur Flaggerscharte führende Kar erreicht wird. Gleich hinter der Scharte befinden sich die Hütte und ein kleiner See, der nicht selten noch im Frühsommer eine dicke Eisschicht trägt. Von der Hütte führt die Markierung (Nr. 15, Grasstein) am rechten Seeufer vorbei. Über buckeliges Gelände am Fuße der Hörtlanerspitze gelangt man zu einer mit einem Seil versehenen Stelle. Nach dieser teilt sich der Weg. Die Markierung 15 A quert die Schotterhalden und führt schließlich über Fels zum 2.708 m hohen aussichtsreichen Gipfel. Abstieg wie Aufstieg. Lohnende Tagestour in den nur wenig begangenen Sarntaler Alpen.

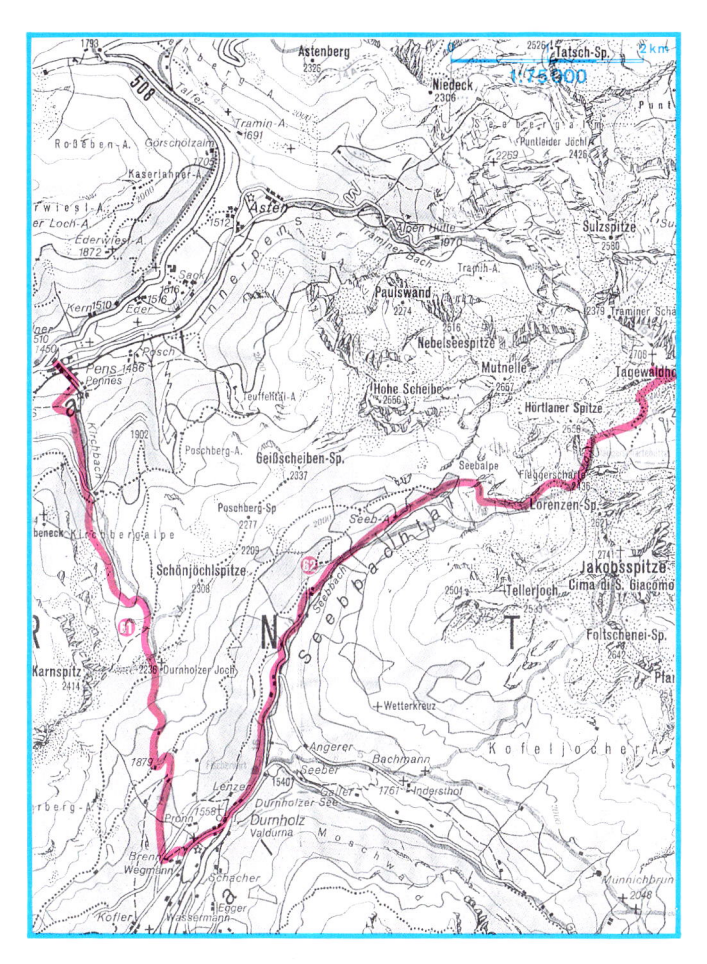

63 Bergtour: Durnholz – Flaggerscharthütte – Jakobsspitze, 2.741 m – Durnholz

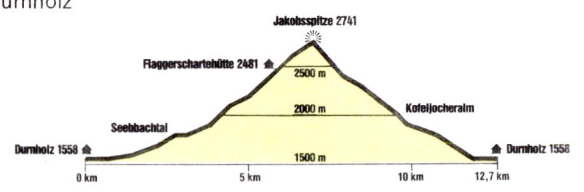

Ausgangspunkt: Durnholz
Parken: Durnholz
Höhenunterschied: 1.200 m

Wanderzeit: 6 Std.
Schwierigkeitsgrad: mittel!
Einkehr: Fischerwirt, Flaggerscharthütte

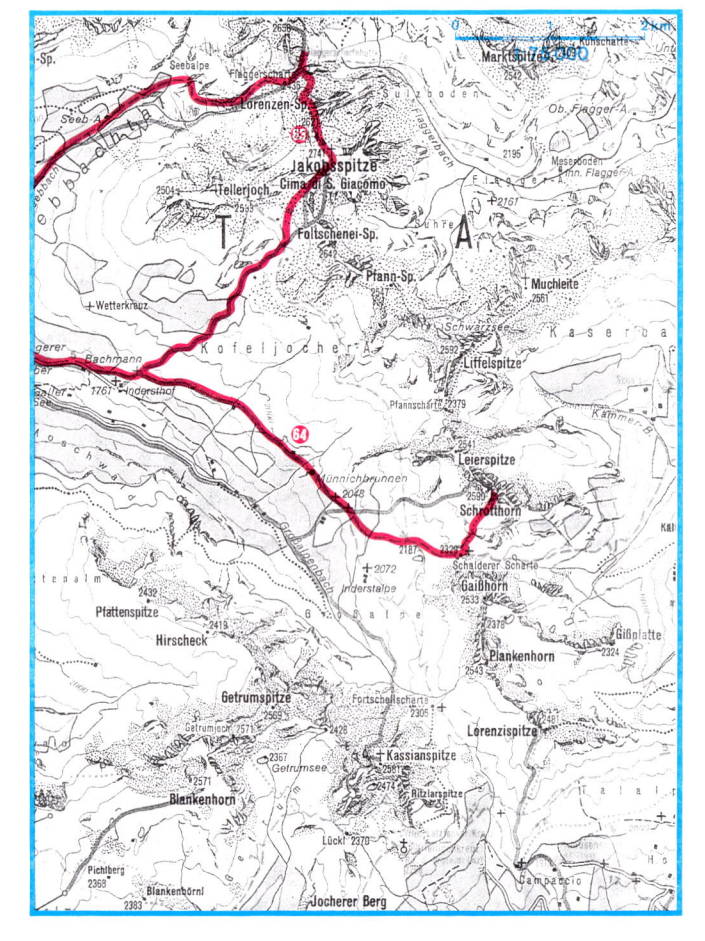

Tourenverlauf: Zur Flaggerscharthütte wie bereits unter Nr. 62 beschrieben. Von der Flaggerscharte führt eine Markierung entlang des Nordgrates zu der 2.741 m hohen Jakobsspitze. Von der Flaggerscharte entlang den Trittspuren gerade hinauf, dann umgehen wir den Felssporn nach rechts und kehren wieder direkt auf den Grat zurück (leichte Kletterei – Markierung nicht verlassen). Nach Erreichen der Einbuchtung geht's über Felshalden direkt zum Gipfel. Der faszinierende Blick in die Dolomiten läßt die Anstrengung vergessen. Von dem im Winter viel begangenen Gipfel kann in leichter Kletterei direkt dem Südgrat folgend nach Durnholz abgestiegen werden. Vom Grat gelangt man über Schutthalden durchs Kar und weiter durch Legföhrenbestände an einer Alm vorbei auf den zum Latzfonser Kreuz führenden Weg Nr. 5 (weder Steig noch Markierung vorhanden). Diesem Weg folgend gelangen wir zum Bachmann. Der Straße entlang bis zum letzten Hof vor dem Waldbeginn, von wo ein Steig zum Durnholzer See hinunterführt.

64 **Bergtour:** Durnholz – Schalderer Scharte – Schrotthorn, 2.590 m – (Vahrn)

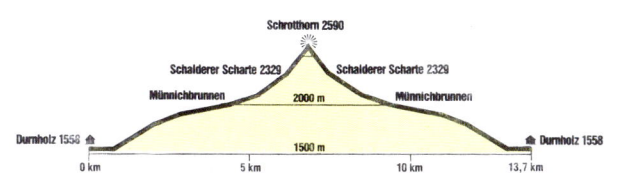

Ausgangspunkt: Durnholz
Parken: Durnholz
Höhenunterschied: 1.050 m

Wanderzeit: 5 Std.
Schwierigkeitsgrad: mittel
Einkehr: Fischerwirt
Karte: siehe Seite 110

Tourenverlauf: Von Durnholz, wo wir unser Unternehmen starten, am linken Ufer zum Fischerwirt. Dort zweigt ein Schotterweg nach rechts ab (Fortschellscharte, Nr. 5 beschildert). Nach 150 m weichen wir auf dem zum Seeberhof führenden Weg nach links ab. Am Gehöft vorbei, ein Stück durch den Wald und wieder durch die Wiese, gilt es, zum höher gelegenen Bergbauernhof aufzusteigen. Nun der Zufahrtsstraße entlang zu dem weiter rechts im Talbett gelegenen Bachmann. Gleich hinter der Brücke zweigt beim Gitter ein Almweg (Nr. 5) nach links ab. Ohne nennenswerte Steigung wandern wir nun an Heustädeln vorbei, zwischen Legföhren hindurch, taleinwärts Richtung Fortschellscharte. Nach 1½stündiger Wanderung zweigt hinter einem Bächlein der Weg Nr. 4 nach links ab und führt durch Legföhrenbestände hinauf zu einem kleinen Gebirgssee. An diesem links vorbei nach kurzem Aufstieg zur Schalderer Scharte, 2.329 m. Von dort nach links über Felshalden hinauf zum 2.590 m hohen Schrotthorn. Abstieg wie Aufstieg oder von der Schalderer Scharte bei entsprechender Fahrgelegenheit der Nr. 4 folgend durchs Schalderertal nach Schalders und weiter nach Vahrn im Eisacktal (3 Std.).

65 Höhenwanderung: Flaggerschartehütte – Fortschellscharte – Latzfonser Kreuz

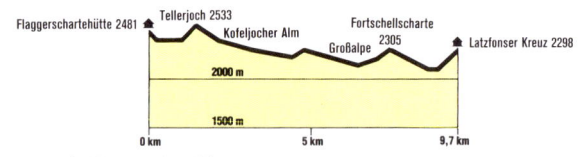

Ausgangspunkt: Flaggerschartehütte
Parken: Durnholz
Höhenunterschied: 200 m
Wanderzeit: 3½ Std.

Schwierigkeitsgrad: mittel!
Einkehr: Flaggerschartehütte, Latzfonser Kreuz

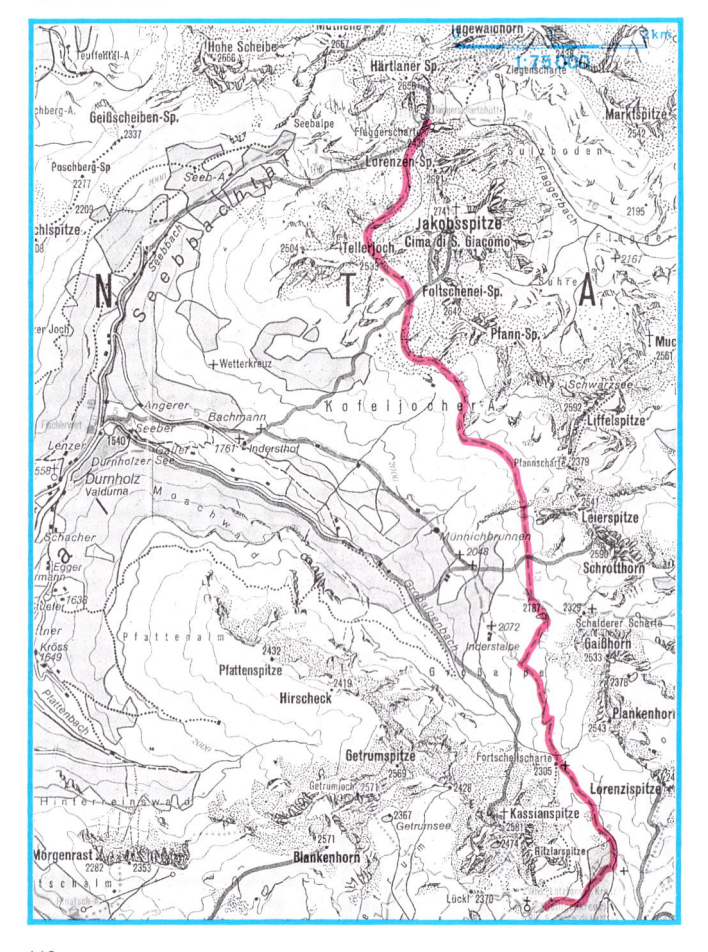

Erdbeerblüten

Tourenverlauf: Von der Flaggerschartehütte, die wie unter Nr. 62 beschrieben erreicht wird, führt am Fuße der Jakobspitze eine Höhenwanderung hoch über dem Durnholzer See zum Latzfonser Kreuz. Wenige Meter unter der Flaggerscharte (Durnholzer Seite) zweigt nach links (orographisch) der nur wenig begangene und teilweise nur in Trittspuren ersichtliche Steig Nr. 13 ab. Er quert das im Frühjahr lange mit einem Schneefeld versehene Kar und führt über Schutthalden hinauf zum Tellerjoch, 2.533 m. Von dort senkt er sich von neuem in ein Kar und überwindet in mäßigen Höhendifferenzen Mulden, Täler und Grate, bis er schließlich an einem kleinen Bergsee vorbei in den von Durnholz kommenden Weg Nr. 5 mündet. Diesem folgend zur Fortschellscharte und am Fuße der Kassianspitze entlang auf schmalem Steig zum Latzfonser Kreuz. Die Kombination dieser Höhenwanderung mit anderen Tagestouren im Durnholzer Tal ist von der zur Verfügung stehenden Zeit abhängig. Es empfiehlt sich jedoch, nach Besteigung des Tagewaldhorns auf der Flaggerschartehütte zu nächtigen und am nächsten Tag zum Latzfonser Kreuz weiterzuwandern, um von dort die Kassianspitze zu besteigen und nach Reinswald abzusteigen. Von dort bietet sich sicherlich die Gelegenheit, per Anhalter nach Durnholz, zum Ausgangspunkt, zu gelangen.

66 Wanderung: Weißenbach – Unterbergtal

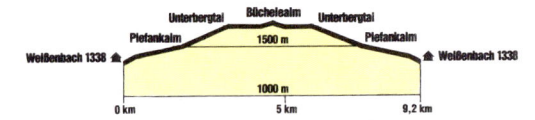

Ausgangspunkt: Weißenbach im Penser Tal
Parken: Weißenbach
Höhenunterschied: 490 m

Wanderzeit: 3½ Std.
Schwierigkeitsgrad: leicht!

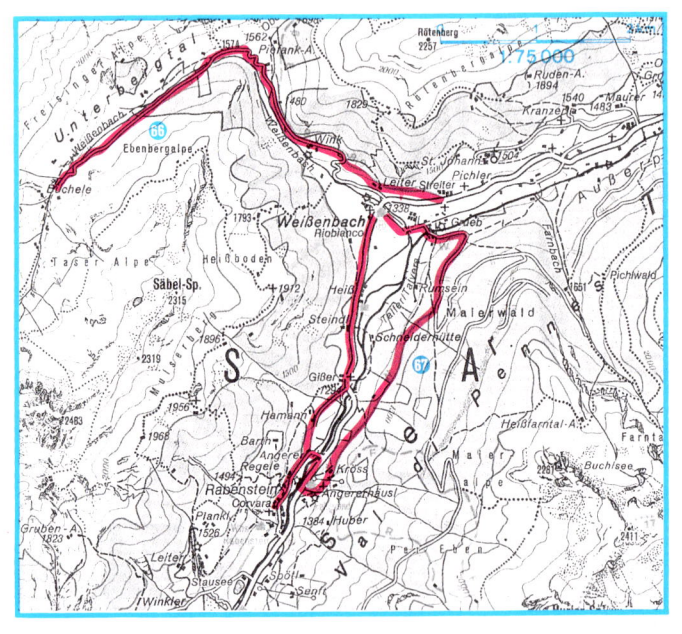

Tourenverlauf: Von Weißenbach im Penser Tal zweigt nach Westen ein Seitental ab, das sich bei der Piefankalm abermals in das Oberberg- und Unterbergtal gabelt. Entlang der für den normalen Autoverkehr gesperrten Straße wandern wir von Weißenbach taleinwärts; zuerst der Markierung Nr. 8,9 folgend, dann auf unmarkiertem Fahrweg in das nach Südwesten abzweigende Unterbergtal. An mehreren Almen vorbei, nur leicht ansteigend, erreichen wir die Büchelealm, wo der Fahrweg endet. Auf breitem Fußweg steigen wir in wenigen Minuten zur Klapfkaser auf, wo wir diese Wanderung durch die intakte Almlandschaft beenden und nach ausgiebiger Rast, bei der wir die mitgebrachte Jause verzehren, auf demselben Weg zum Ausgangspunkt zurückkehren. Diese Tour ist besonders im Frühsommer und Herbst empfehlenswert.

Weißenbach

67 Talwanderung: Rabenstein – Weißenbach

Ausgangspunkt: Rabenstein
Parken: Gasthof Feldbrand
Höhenunterschied: 150 m
Wanderzeit: 3 Std.
Schwierigkeitsgrad: leicht!
Einkehr: Feldbrand, Weißenbach
Karte: siehe Seite 114

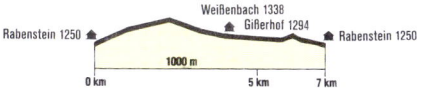

Rabenstein 1250 — Weißenbach 1338 — Gißerhof 1294 — Rabenstein 1250
1000 m
0 km — 5 km — 7 km

Tourenverlauf: Rabenstein im Penser Tal, der nördlichen Fortsetzung des Sarntals, ist Ausgangspunkt einer beschaulichen Wanderung durch Wald und Wiesen, die besonders im Juni, zur Zeit der Heumahd empfehlenswert ist. Nahe beim Gasthof Feldbrand setzt der mit »W« markierte Wanderweg an, der am Skilift vorbei in den Wald führt. Gemächlich steigend erreichen wir eine Wiese, wo man zum Gißerhof hinabblickt. Im Maierwald mündet unser Weg in eine Forststraße, die wir für den Abstieg nach Grueb benützen. Die Gehöfte an der Talfer bieten ein gutes Fotomotiv. Nach der Brücke über den Weißenbach kann man rechts in den Ort Weißenbach gelangen. Zur Brücke zurückgekehrt, wandern wir entlang des Fahrweges über den Talboden dem Weiler Heiß zu, wo wir bis zum Gißerhof die Straße benützen müssen. Dort geht es rechts ab zum Hamannhof und weiter in den Ort Rabenstein zurück.

68 Bergwanderung: Asten – Traminer Scharte, 2.379 m – (Tagewaldhorn, 2.708 m) – Grasstein (Eisacktal)

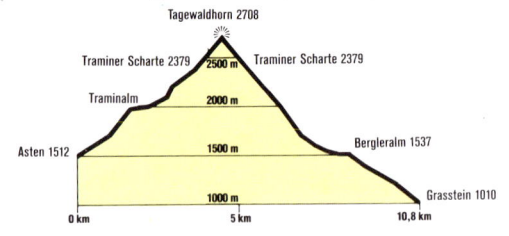

Ausgangspunkt: Asten im Penser Tal
Parken: Asten
Höhenunterschied: 800 m Aufstieg, 1.350 m Abstieg

Wanderzeit: 6½ Std.
Schwierigkeitsgrad: mittel!
Karte: siehe Seite 117

Tourenverlauf: Von der Penser-Joch-Straße im hintersten Penser Tal zweigt bei Pens die Fahrstraße nach Asten ab. Von Asten führt ein Schotterweg (Fahrverbot) an Bauerngehöften vorbei zu den höher gelegenen Almen. Schon bald verläßt der Weg Nr. 13 diesen Schotterweg (nach rechts) und führt anfangs durch Wald, allmählich in Almböden übergehend zur Traminalm. Den flachen Almboden querend, in das Kar aufsteigend, steht man am Fuße eines mächtigen Felsspornes, den es nach rechts – Richtung Tagewaldhorn – zu umgehen gilt. Nur noch wenige Höhenmeter sind zu bewältigen und schon steht man auf der Traminer Scharte. Von hier steigen wir, anfänglich über steiles Gelände und Schutthalden, zur Sulzenalm, 1.933 m, und weiter an der Bergleralm vorbei nach Grasstein im Eisacktal ab.
Variante: Von der Traminer Scharte bietet sich die Möglichkeit, über Grat (Nr. 15 A) das Tagewaldhorn zu besteigen (330 Höhenmeter) oder der Nr. 15 folgend zur Flaggerschartehütte weiterzuwandern.

69 Bergwanderung: Penser Joch – Tatschspitze, 2.526 m – (Puntleider See – Grasstein)

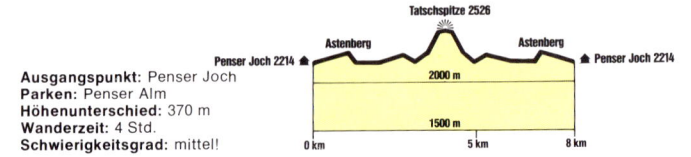

Ausgangspunkt: Penser Joch
Parken: Penser Alm
Höhenunterschied: 370 m
Wanderzeit: 4 Std.
Schwierigkeitsgrad: mittel!

Tourenverlauf: Ungefähr 500 m vor dem Penser Joch, vom Sarntal kommend, befindet sich die Penser Alm, von wo die Markierung Nr. 14 A abzweigt (beschildert). In mäßiger Steigung führt der Steig an Astenberg und Niedeck ostwärts vorbei und schließlich über Felshalden zum Gipfel. Die Tatschspitze bildet den nördlichen Ausläufer des zwischen Sarntal und Eisacktal verlaufenden Gebirgskammes. Der Gipfelaufbau fällt nach Norden in einer imposanten Felsszenerie zum Egger Tal ab. Dadurch bietet sich ein schöner Blick auf die Penser Joch Straße und das Sterzinger Becken. Darüber erheben sich die Tribulaungruppe mit den westlich anschließenden Stubaier Alpen (Feuersteine, Wilder Freiger, Zuckerhütl), die bei gutem Wetter in greifbare Nähe rücken. Als Abstiegsvariante bietet sich für orientierungsgewohnte Wanderer die Querung der Seebergalm zur Traminer Scharte (Abstieg nach Asten). Abstieg wie Aufstieg, oder unterhalb des Gipfels den Steig Nr. 14 A weiter verfolgend, über Granitblöcke ostwärts zum Puntleider Jöchl (2.426 m). Von hier bietet sich eine Abstiegsmöglichkeit nach Grasstein im Eisacktal, wobei man am schön gelegenen Puntleider See vorbeikommt.

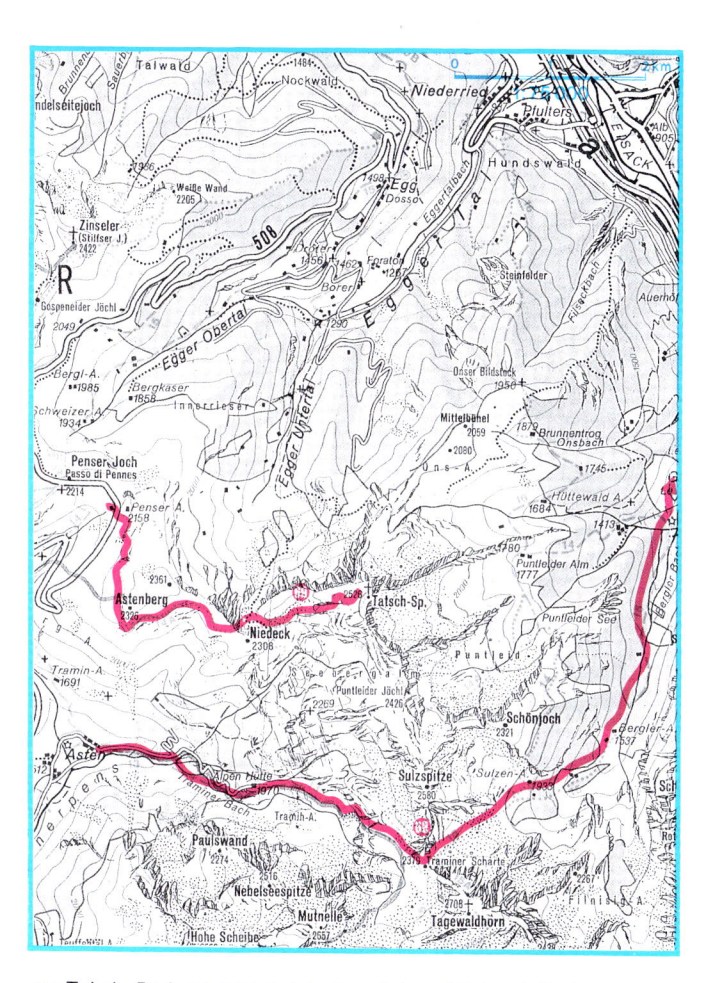

70 Bergwanderung: Penser Joch – Sarntaler Weißhorn, 2.705 m – Weißenbach

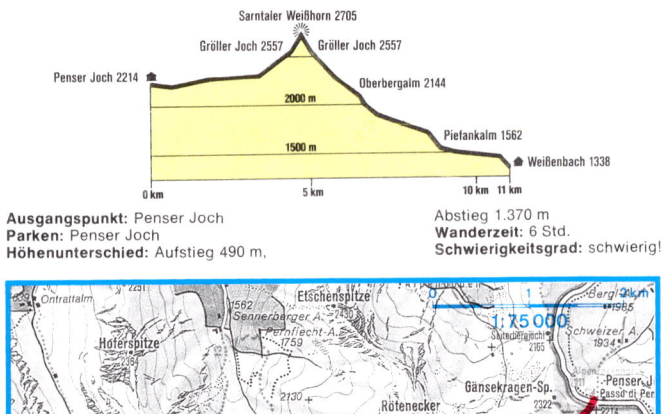

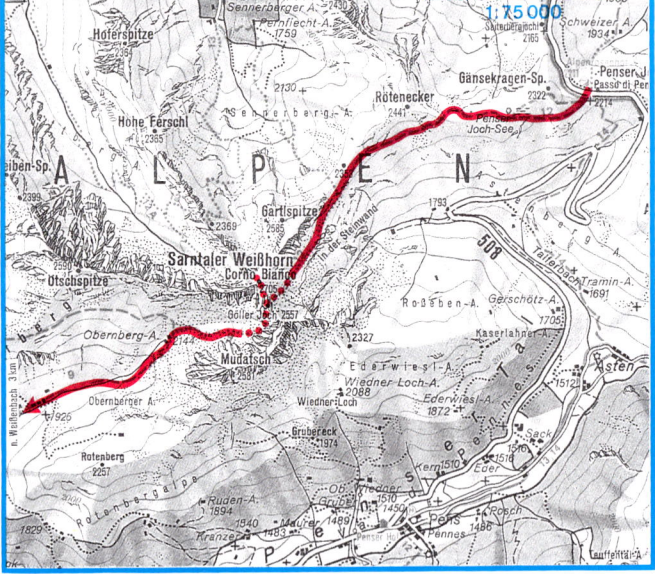

Ausgangspunkt: Penser Joch
Parken: Penser Joch
Höhenunterschied: Aufstieg 490 m,

Abstieg 1.370 m
Wanderzeit: 6 Std.
Schwierigkeitsgrad: schwierig!

Tourenverlauf: Vom Penser Joch – von Sterzing oder durchs Sarntal erreichbar – zweigt westwärts der Weg Nr. 12A ab, der den Kamm querend zum Gröller Joch führt. Ein teilweise versicherter Felssteig führt von hier über stellenweise ausgesetztes Gelände nordwärts zum 2.705 m hohen Gipfel. Als einer der aussichtsreichsten Gipfel der Sarntaler Alpen bietet er eine wahre Gipfelschau vom Alpenhauptkamm bis hin zu den Dolomiten.

Abstieg: Zurück zum Gröller Joch und der Markierung Nr. 9 folgend, zuerst durch steiles Gelände, an der Schäferhütte vorbei zur Oberbergalm. In mäßiger Neigung über Bergwiesen und Wald bergab zur Piefank-

Sarntaler Weißhorn

alm, wo das Oberberg- und Unterbergtal zusammentreffen. Ein Stück weiter talauswärts treffen wir auf einen für den Autoverkehr gesperrten Fahrweg, der direkt nach Weißenbach führt.

Alpines Notsignal: Sechsmal innerhalb einer Minute in regelmäßigen Zeitabständen ein sichtbares oder hörbares Zeichen geben und hierauf eine Pause von einer Minute eintreten lassen. Das gleiche wird wiederholt, bis Antwort erfolgt.

Antwort: Innerhalb einer Minute wird **dreimal** in regelmäßigen Zeitabständen ein sichtbares oder hörbares Zeichen gegeben.

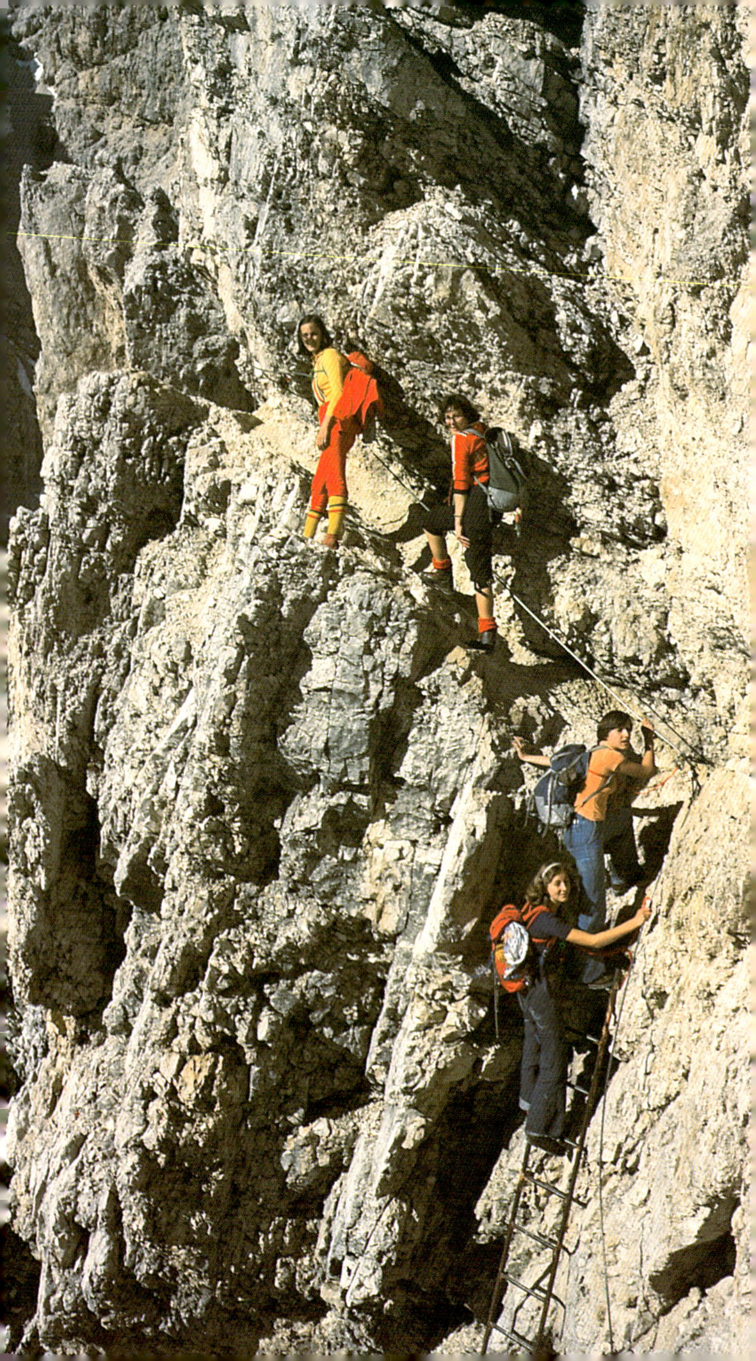

Alpengasthöfe und Unterkunftshütten

Alle Angaben ohne Gewähr! Bitte erfragen Sie vor Beginn der Wanderung im Talort die Bewirtschaftungszeit und erkundiegn Sie sich, ob eine Übernachtungsmöglichkeit besteht.

Die Telefonnummern der wichtigsten Alpengasthöfe und Unterkunftshütten finden Sie auf Seite 128.

Dolomiten – Rosengartengruppe

Antermojahütte (Rifugio Antermoja), 2.496 m, CAI-SAT, Post I-38031 Campitello di Fassa, im Sommer bewirtschaftet. Zugänge: von Mazzin, 3½ Std.; von Fontanazzo di Sotto, 3½ Std.; von Campitello di Fassa, 3 Std. Übergänge: zur Vajolethütte, 1¾ Std.; zur Grasleitenpaßhütte, 1 Std.; zur Grasleitenhütte, 1½ Std.; zur Tierser Alpl Hütte, 2½ Std.; zum Seiser-Alm-Haus, 2 Std. Gipfel: Scalieretspitze, 2.889 m, 1½ Std. (nur für Geübte).

Catinaccio, Rifugio, 1.900 m, privat, Post I-38036 Pozza di Fassa, im Sommer bewirtschaftet. Zugänge: von Pera, 2 Std.; vom Rifugio Ciampediè (Bergstation der Seilbahn von Vigo di Fassa), ¾ Std. Übergänge: zur Rosengartenhütte, 3 Std.; zur Vajolethütte, ¾ Std.

Gartlhütte (Rifugio Re Alberto I°), 2.621 m, privat, Post I-38030 Pera di Fassa, im Sommer bewirtschaftet. Zugänge: von der Rosengartenhütte, 2½ Std. (nur für Geübte); vom Rif. Catinaccio, 2 Std. Übergänge: zur Santnerpaßhütte, ½ Std.; zur Vajolethütte, ¾ Std.

Grasleitenhütte (Rifugio Bergamo), 2.129 m, CAI, Post I-39050 Tiers, im Sommer bewirtschaftet. Zugang: von Tiers, 3½ Std. Übergänge: zur Vajolethütte, 1½ Std.; zur Antermojahütte, 2¼ Std.; zur Tierser Alpl Hütte, 1¾ Std.; zum Seiser-Alm-Haus, 2½ Std.; zu den Schlernhäusern, 3 Std.

Grasleitenpaßhütte (Rifugio Passo Principe), 2.600 m, privat, Post I-38036 Pozza di Fassa, im Sommer bewirtschaftet. Zugänge: von Tiers, 5 Std.; von Fontanazzo, 5 Std.; von der Gardecciahütte, 2 Std. Übergänge: zur Grasleitenhütte, ¾ Std.; zur Preußhütte, 1 Std.; zur Antermojahütte, 1¼ Std.

Karer Paß, Hotelgruppe ca. 1.700 m, Post I-39056 Welschnofen. Zugänge: von Welschnofen und Vigo di Fassa mit dem Auto und zu Fuß. Übergänge: zum Rifugio Paolina, 1½ Std.; zur Rotwandhütte, 1¾ Std. Gipfel: Poppekanzel, 2.481 m, 2 Std. (nur für Geübte); Latemarspitze, 2.800 m, 4-5 Std. (nur für Geübte).

Kölner Haus siehe Rosengartenhütte.

Moseralm, 1.530 m, privat, Post I-39056 Welschnofen, ganzjährig bewirtschaftet. Zugänge: von Welschnofen, 1½ Std.; vom Hotel Karer See, ½ Std.; vom Gasthof Schwarzer Adler, ½ Std.

Paolina, Rifugio, 2.125 m, privat, Post I-39056 Welschnofen, ganzjährig bewirtschaftet. Zugang: vom Karer See zu Fuß, 1½ Std. oder mit dem Sessellift. Übergänge: zur Rosengartenhütte, 1¼ Std.; zur Rotwandhütte, ½ Std.

Preußhütte, 2.244 m, privat, Post I-38036 Pozza di Fassa, im Sommer bewirtschaftet. Zugänge: von der Gardecciahütte, ¾ Std. Übergänge: zur Gartlhütte, 1 Std.; zur Rosengartenhütte, 2 Std.; zur Rotwandhütte, 2½ Std.; zur Antermojahütte, 2 Std.; zur Grasleitenpaßhütte, 1 Std.; zur Grasleitenhütte, ¼ Std.; zur Tierser Alpl Hütte, 2½ Std. Gipfel: Scalieretspitze, 2.889 m, 2 Std. (nur für Geübte)

Rosengartenhütte (Rifugio Aleardo Fronza), 2.339 m, CAI, Post I-39056 Welschnofen, im Sommer bewirtschaftet. Zugänge: vom Rifugio Paolina (Bergstation des Sesselliftes vom Hotel Karer See), 1¼ Std.; von der Tscheinerhütte, 1½ Std.; von Welschnofen bzw. von der Nigerpaßstraße mit dem Gondellift. Übergänge: zum Rifugio Paolina, 1¼ Std.; zur Rotwandhütte, 2¼ Std.; zur Vajolethütte, 2 Std.; zur Gartlhütte, 2½ Std.

Rotwandhütte (Rifugio Roda di Vael), 2.280 m, CAI-SAT, Post I-38039 Vigo di Fassa, im Sommer bewirtschaftet. Zugänge: vom Karer Paß, 1¾ Std.; vom Rifugio Paolina (Sessellift vom Hotel Karer See), ½ Std.; von Vigo di Fassa, 2½ Std.; von der Ciampediehütte (Seilbahn von Vigo di Fassa), 1½ Std. Übergänge: zur Rosengartenhütte, 1½ Std.; zur Vajolethütte, 2¼ Std.

Santnerpaßhütte (Rifugio Passo Santner), 2.734 m- privat, Post I-39056 Welschnofen, im Sommer bewirtschaftet. Zugänge: vgl. Rosengarten- und Gartlhütte. Übergänge: zur Gartlhütte, 20 Min.; zur Rosengartenhütte, 1½ Std. (nur für Geübte); zur Vajolethütte, 1 Std.

Tscheinerhütte (Rifugio Duca di Pistoia), 1.775 m, privat, Post I-39056 Welschnofen, ganzjährig bewirtschaftet. Zugänge: von Tiers und zum Karer Paß mit dem Auto; von Welschnofen, 1¾ Std.; vom Karer Paß, 1 Std. Übergänge: zur Rosengartenhütte, 1½ Std.

Vajolethütte (Rifugio Vajolet), 2.243 m, CAI-SAT, Post I-38036 Pozza di Fassa, im Sommer bewirtschaftet. Zugänge und Übergänge: siehe Gartlhütte.

Zlschglalmhütte (= Schillerhof, Rifugio del Cisgolo), 1.555 m, privat, Post I-39056 Welschnofen, ganzjährig bewirtschaftet. Zugänge: von Tiers, 1½ Std.; von Welschnofen, 1½ Std.

Dolomiten – Langkofel und Sellagruppe

Comici, Emilio Rifugio, 2.155 m, privat, Post I-39048 Wolkenstein, ganzjährig bewirtschaftet. Zugang: mit der Seilbahn von Plan de Gralba (Hotel an der Straße Wolkenstein – Grödner Joch); vom Sellajochhaus, ¾ Std.; von der Bergstation der Seilbahn Wolkenstein – Ciampinoi, ½ Std. Übergänge: zur Langkofelhütte, 1½ Std.

Langkofelhütte (Rifugio Vicenza al Sasso Lungo), 2.252 m, CAI, Post I-39047 St. Christina in Gröden, im Sommer bewirtschaftet. Zugänge: von Mont de Soura (Sessellift), 1¼ Std.; von St. Christina, 2½ Std.; vom Sellajoch, 2 Std. (nur für Geübte). Übergänge (nur für Geübte): zur Plattkofelhütte, 1½ Std.; zum Rifugio Comici, 1¼ Std. Gipfel: Plattkofel, 2.955 m, 2½ Std. (nur für Geübte).

Langkofelschartenhütte = Toni-Demetz-Hütte

Plattkofelhütte (Rifugio Sasso Piatto), 2.256 m, privat, Post I-39040 Seiseralm, im Sommer bewirtschaftet. Zugänge: vom Seiser Alm-Bergbahngasthof, 1½ Std.; von St. Christina, 3 Std.; von Campitello di Fassa, 3 Std.; vom Sellajoch, 2 Std. Übergänge: zum Seiser-Alm-Haus, 1¼ Std.; zur Langkofelhütte, 2 Std.; zum Berghaus Zallinger, ½ Std. Gipfel: Plattkofel, 2.955 m, 2 Std. (mittel).

Toni-Demetz-Hütte, 2.679 m, privat, Post I-39048 Wolkenstein, im Sommer bewirtschaftet. Zugänge: vom Sellajochhaus zu Fuß, 1¼ Std. oder mit dem Gondellift; von der Langkofelhütte, 1¼ Std.

Dolomiten – Schlern und Seiser Alm

Molignonhütte (Mahlknechtschwaige), 2.053 m, privat, I-39040 Kastelruth, ganzjährig bewirtschaftet. Übergänge: zum Seiser-Alm-Haus, ½ Std.; zum Hotel Goldknopf, 1 Std.

Proßlinerschwaige (Lafreiderschwaige – Rifugio Brusamolin), 1.739 m, privat, Post I-39040 Seis, ganzjährig bewirtschaftet. Zugänge: von Bad Ratzes, 1½ Std.; von Seis, 2½ Std. Übergänge: vom Frommershaus, 1¼ Std.; zu den Schlernhäusern, 2¼ Std.; zur Schlernbödelehütte, ¾ Std. Gipfel: Petz, 2.564 m, 2½ Std. (leicht).

Saltnerschwaige (Malga Saltria), 1.731 m, privat, Post I-39047 St. Christina, ganzjährig bewirtschaftet. Zugänge: von St. Christina, 2¼ Std.; vom Seiser Alm-Bergbahngasthof, 1¼ Std.; von der Seiser Alm (Gasthof Schönblick), 1½ Std. Übergänge: zum Seiser-Alm-Haus, 2 Std.; zum Berghaus Zallinger, 1 Std.

Schgagulschwaige (Malga Sole), Hotel, 1.900 m, privat, Post I-39046 St. Ulrich, ganzjährig bewirtschaftet. Zugänge: von St. Ulrich, 2½ Std.; vom Seiser Alm-Bergbahngasthof, ½ Std.; von der Seiser Alm (Gasthof Schönblick), 1¼ Std. Übergänge: zum Hotel Icaro, ½ Std.; zum Hotel Mezdi, ¼ Std.

Schlernbödelehütte, 1.726 m, AV-Südtirol, Post I-39040 Seis, im Sommer bewirtschaftet. Zugänge: von Seis, 2 Std. Übergänge: zu den Schlernhäusern, 2½ Std.; nach Bad Ratzes, 1 Std. Gipfel: Petz 2.564 m, 2¾ Std. (leicht).

Schlernhäuser (Rifugio Bolzano al Monte Pez), 2.457 m, CAI, Post I-39040 Seis, im Sommer bewirtschaftet. Zugänge: von Tiers, 4 Std.; von Völs, 4½ Std.; von Seis, 4 Std.; von der Seiser Alm (Gasthof Schönblick), 4 Std. Übergänge: zur Tierser Alpl Hütte, 1¾ Std.; zur Grasleitenhütte, 2¾ Std. Gipfel: Petz, 2.564 m, 20 Min. (leicht).

Schlernhäuser mit dem Rosengarten

Schönblick (Bellavista), Gasthof, 1.870 m, privat, Post I-39040 Kastelruth, ganzjährig bewirtschaftet. Zugänge: von Kastelruth und Seis mit dem Auto; zu Fuß, 2½ Std. Übergänge: Ausgangspunkt zu den Hütten und Alpengasthöfen auf dem Schlern und der Seiser Alm.

Seelausschwaige (Capanna della Bullacia), 1.760 m, privat, Post I-39040 Kastelruth, ganzjährig bewirtschaftet, vgl. Schönblick Gasthof.

Seiser Alm, Hoteldorf auf der Seiser Alm, 1.800-2.000 m. Zugänge: von Seis oder Kastelruth mit dem Auto; zu Fuß, 2½ Std. Übergänge: zu den Hütten oder Alpengasthöfen auf der Seiser Alm und dem Schlern.

Seiser Alm-Bergbahngasthof (Albergo di Funivia), 2.005 m, privat, Post I-39046 St. Ulrich, ganzjährig bewirtschaftet. Zugänge: von St. Ulrich mit der Seilbahn oder zu Fuß, 2½ Std.; von der Seiser Alm (Gasthof Schönblick), 2 Std. Übergänge: zum Seiser Alm Haus, 3 Std.; zum Hotel Icaro, ¾ Std. Gipfel: Pitzberg, 2.108 m, ¼ Std. (leicht).

Seiser Alm Haus (Casa del Touring), 2.143 m, TCI, Post I-39046 St. Ulrich, für Mitglieder des TCI reserviert. Zugänge: von der Seiser Alm (Gasthof Schönblick), 1¾ Std.; vom Seiser Alm-Bergbahngasthof, 3 Std.; von Campitello di Fassa, 3¼ Std. Übergänge: zur Molignonhütte, ¼ Std.; zur Plattkofelhütte, 1¼ Std.; zur Langkofelhütte über das Berghaus Zallinger, 2½ Std.; zur Tierser Alpl Hütte, ¾ Std.; zu den Schlernhäusern, 2½ Std.; zur Grasleitenhütte, 2½ Std.; zur Vajolethütte, 3¼ Std.; zur Antermojahütte, 3 Std.; zur Plattkofelhütte. Gipfel: Roterdspitze, 2.655 m, 2 Std. (mittel).

Sesselschwaige (Alpe di Seggiola), 1.919 m, privat, Post I-39050 Völs am Schlern, im Sommer bewirtschaftet. Zugänge: von Völs, 3 Std.; von Ums, 2½ Std. Übergänge: zu den Schlernhäusern, 1½ Std. Gipfel: Petz, 2.564 m, 2 Std. (leicht).

Tierser Alpl Hütte, 2.438 m, privat, Post I-39040 Kastelruth, im Sommer bewirtschaftet. Zugänge: von Tiers, 3½ Std.; von Campitello di Fassa, 3½ Std. Übergänge: zur Grasleitenhütte, 1½ Std.; zur Vajolethütte, 2½ Std.; zur Antermojahütte, 3 Std.; zum Seiser Alm Haus, ½ Std.; zu den Schlernhäusern, 1¼ Std. Gipfel: Roterdspitze, 2.655 m, 1¼ Std. (mittel).

Tschafonhütte (Rifugio Monte Cavone), 1.728 m, privat, Post I-39050 Tiers, im Sommer bewirtschaftet. Zugänge: von Tiers, 2 Std.; von Ums, 2½ Std. Übergänge: zu den Schlernhäusern, 2 Std. Gipfel: Hammerwand, 2.124 m, 1 Std. (mittel, mühsam).

Zallinger Berghaus (Rifugio al Giogo), 2.036 m, privat, Post I-39047 St. Christina, ganzjährig bewirtschaftet. Zugänge: von St. Christina, 2 ½ Std. Übergänge: zur Plattkofelhütte, ½ Std.; zum Seiser Alm Haus, 1¼ Std.; zur Saltnerschwaige, ¾ Std.; zur Langkofelhütte, 1¼ Std. Gipfel: Plattkofel, 2.955 m, 2½ Std.

Sarntaler Alpen

Alpenrosenhof am Penser Joch, 2.211 m, privat, Post I-39049 Sterzing, im Sommer bewirtschaftet. Zugang: mit Kfz bis zum Haus. Gipfel: Sarntaler Weißhorn, 2.705 m, 2 Std. (nur für Geübte); Gänsekragenspitze, 2.322 m, 20 Min. (leicht).

Flaggerschartehütte (Marburg-Siegener Hütte, Rif. Forcella di Vallaga), 2.481 m, CAI, Post I-39042 Brixen, im Sommer bewirtschaftet. Zugänge: von Mittewald durch das Flaggertal, 7 Std.; von Durnholz über das Seebbachtal, 3 Std. Übergänge: zur Klausener Hütte, 3½ Std.; vom Rittner-Horn-Haus über das Latzfonser Kreuz und den Gasteiger Sattel, 7½ Std. Gipfel: Tagewaldhorn, 2.708 m, über die Südflanke, 1½ Std. (nur für Geübte); Jakobsspitze, 2.741 m, über die NW-Flanke, 1 Std. (mittel).

Latzfonser Kreuz (Heiligkreuzhütte, Rif. S. Croce di Lazfons), 2.298 m, privat, Post I-39043 Klausen, im Sommer bewirtschaftet. Zugänge: von Latzfons über die Klausener Hütte, 3 Std.; aus dem Durnholztal, 4 Std. Übergänge: zur Klausener Hütte, 1 Std.; zum Rittner-Horn-Haus, 3 Std. Gipfel: Kassianspitze, 2.531 m, 1 Std. (mittel).

Möltner Kaser (Capanna di Meltina), 1.650 m, privat, Post I-39010 Mölten, im Sommer bewirtschaftet. Zugänge: von Mölten, 1½ Std.; von Sarnthein, 3 Std.

Rittner-Horn-Haus (Rifugio Corno Renon di Sopra), 2.260 m, CAI, Post I-39040 Barbian, im Sommer bewirtschaftet. Zugänge: von Klobenstein, 3½ Std.; von Oberbozen, 4 Std.; von Barbian, 3½ Std.; von Sarnthein, 5 Std.; von Bundschen (südlich von Sarnthein), 4½ Std. Übergang: zum Unterhornhaus, 20 Min.

Tschaufenhaus (Capanna Giovo del Salto), 1.350 m, privat, Post I-39010 Mölten, ganzjährig bewirtschaftet. Zugänge: von Schlaneid/Seilbahnstation, 1½ Std.; von Terlan, 3 Std.; von Jenesien, ca. 2½ Std.

Unterhornhaus (Rifugio Corno di Sotto del Renon), 2.044 m, privat, Post I-39054 Klobenstein, ganzjährig bewirtschaftet. Zugänge: von Klobenstein, ca. 3 Std.; von Oberbozen, 3½ Std. Übergang: zum Rittner-Horn-Haus, ½ Std.

Orte • Hütten • Berge

A
Aberstückl	100 ff.
Afing	30, 92, 95
Anteralm	102
Antermojahütte	86 f.
Asten	116
Astfeld	107
Auenjoch	97 f.

B
Bad Dreikirchen	39
Bad Ratzes	53, 61
Bad Süß	35
Barbian	16, 38 f.
Bauernkohlern	40
Bergleralm	116
Birchabruck	70
Bozen	7f., 16 ff., 28, 33, 70

C
Ciampediehütte	85
Piz Ciaulong	48, 50
Cigoladepaß	85
Comicihütte	50 f.
Confinböden	48

D
Deutschnofen	68 ff.
Durnholz	107 ff.
Durnholzer Joch	108

E
Epircher Laner	75
Erdpyramiden	11, 35
Etschblick	27

F
Flaas	92
Flaggerschartehütte	108, 112
Fortschellscharte	112
Friedrich-August-Hütte	49 f.

G
Gamsstallscharte	77
Gardeccia	85 f.
Getrumalm	105 f.
Getrumjoch	105
Gißmann	37
Glaning	28
Grasleitenhütte	65
Grasleitenpaß	86 f.
Grasstein	116
Gstatsch	52 f.
Gummer	70

H
Hammerwand	63
Hauenstein, Ruine	53
Hauserbergalm	95
Hirzerspitze	102
Hurlerspitze	107

J
Jakobsspitze	110
Jenesien	21, 29
Jenesinger Jöchl	25
Joch	57
Jochgrimm	72 f.

K
Kampenn, Schloß	70
Kardaun	70
Karer Paß	77 ff.
Karer See	76
Karnspitze	107
Kassianspitze	106
Kastelruth	42f., 52 f.
Kesselkogel	86
Klobenstein	34
Kölner Hütte	82
Kollmannspitze	107
Kratzberger See	100 f.
Kreuzjoch	98

L
Lafenn	26 f.
Langkofelhütte	48 f.
Langkofelscharte	49
Latemarscharte	77 ff.
Latemarspitze	77 ff.
Latzfonser Kreuz	112 f.
Lausapaß	86 f.
Lavazéjoch	74
Leiterspitz	103

M
Maiser Rast	98
Margarethenpromenade	27
Maria Weißenstein	72
Marinzen	52 f.
Missensteiner Jöchl	100 f.
Moarhäusl (Sarntal)	30, 95 f.
Molignonhaus	55 f.
Molignonpaß	65
Mölten	22, 26
Möltner Joch	25
Möltner Kaser	25
Monte Pez	60
Monte Soura	48 f.

O
Oberbozen	32 f., 35
Obereggen	74 f., 76 f.
Oberholz	75, 77
Oberinn	36

P

Paolinahütte	80 f.
Pemmern	36 f.
Pens	108
Penser Joch	116 ff.
Pfnatschalm	105
Piefankalm	114, 118
Piz da Uridl	50
Plattkofel	49, 54
Plattkofelhütte	50, 54 f.
Prösels	62
Proßliner Schwaige	61
Pufels	46
Puflatsch	52
Putzenkreuz	95, 97
Quarzporphyr	10 f.

R

Rabenstein	103, 107, 115
Radelspitze	103
Rafenstein	30 f.
Reinswald	105 f.
Reiterjoch	74
Riggermoos	35
Ritten	22 f.
Rittner Horn	38 f.
Rosengartenspitze	84
Roßzähne	58 f.
Roßzähnscharte	56, 58 f.
Rotenstein	40
Roterdspitze	58
Rotwand	80
Rotwandhütte	80 f., 85

S

Saltner Hütte	57 ff.
Saltria	54 f.
Santnerpaß	82, 84
Sarner Scharte	93 f.
Sarner Skihütte	97 ff.
Sarntal	30, 90 ff.
Sarntaler Weißhorn	118
Sarnthein	91, 95 ff.
Sauschloß	28
Scarlettepaß	86
Schalderer Scharte	111
Schermoos	25 ff.
Schlaneid	24
Schlernbödelehütte	61
Schlernhäuser	60, 64
Schrotthorn	111
Schwarzhorn	73
Schwarzseespitze	37
Seebachtal	108
Seis am Schlern	43 f.
Seiser Alm Haus	55 f.
Seiser Alm	46 f., 54 ff.
Sellajoch	49 ff.
Siebeneich	28
Siffian	34
Sissenkaser	38
St. Christina	48 f.
St. Ulrich (Gröden)	46
St. Ulrich (Salten)	24
St. Valentin (Salten)	27
St. Valentin (Sarntal)	103 f.
St. Valentin (Schlern)	44
Steinegg	70
Stoanerne Mandlen	97

T

Tagewaldhorn	108, 116
Tann	35 f.
Tatschspitze	116
Tellerjoch	112
Terlan	23, 27
Tiers	44, 63
Tierser Alpl Hütte	58, 64 f.
Tomanegger	92
Torre di Pisa Hütte	75
Traminer Scharte	116
Tschafatschsattel	63 f.
Tschafonhütte	62 f.
Tschager Joch	82
Tschaminsattel	65
Tschaufenhaus	27, 29

U

Ums	62
Unterinn	32 f.

V

Vaiolonpaß	80
Vajolethütte	82 f., 86 ff.
Vajolettürme	83
Verdinser Plattenspitze	101
Verschneid	26 f.
Villanderer Berg	93 f.
Vilpian	27
Völs am Schlern	45, 53
Völsegg	62
Vöran	24

W

Wangen	32
Weißenbach	114 f.
Weißhorn	72 f.
Weißlahnbad	63 ff.
Welschnofen	69
Wolfsgrubensee	33

Z

Zanggenberg	74 f.

Schrittmacher · Camminando con...

KOMPASS
Autokarte mit Panorama
Tirol · Südtirol
Trentino
1:250 000
PANORAMA
358

KOMPASS
Wanderkarte/carta escursionistica 625
Sextner Dolomiten
Dolomiti di Sesto
1:25 000

KOMPASS
Kultur-Reiseführer
Südtirol
285
Mit Topinfos zu
Kultur · Natur
Stadt und Land

Südtiroler Spezialitäten
74 typische Rezepte
KOMPASS Küchenschätze

e-mail: kompass@kompass.at • http://www.kompass.at

KOMPASS-Karten GmbH
Kaplanstraße 2
A-6063 Rum/Innsbruck
Tel.: +43 (0)512 26 55 61-0
Fax: +43 (0)512 26 55 61-8

KOMPASS

Graureiher
Schwalbenschwanz
Feuersalamander
Haselmaus
Flußbarsch
Trollblume

Vielfalt der Natur

Telefon- und Faxnummern der Tourismusvereine

	Telefon	Fax
Barbian	0471/654411	654260
Bozen	0471/307000	980128
Deutschnofen	0471/616567+615795	616727+615848
Jenesien	0471/354196	354085
Kastelruth	0471/706333	
Mölten	0471/668282	667228
Ritten/Klobenstein	0471/356100	356799
Oberbozen	0471/345245	
Sarntal	0471/623091	622350
Seis/Seiseralm	0471/706124+707024	706600
Terlan	0471/257165	
Tiers	0471/642127	
Vilpian	0471/678648	
Völs am Schlern	0471/725047	725488
Welschnofen	0471/613126	613360

Telefonnummern der wichtigsten Schutzhütten

Dolomiten – Rosengartengruppe
Antermoiahütte 0462/602272
Gartlhütte 0462/763428
Grasleitenhütte 0471/642103
Grasleitenpaßhütte 0462/764244
Paolinahütte 0471/612008
Preußhütte 0462/764847
Rosengartenhütte 0471/612033
Rotwandhütte 0462/764450
Santnerpaßhütte 0471/642230
Tscheinerhütte 0471/612152
Vajolet Hütte 0462/763292

Dolomiten – Langkofel und Sellagruppe
Comici Emilio Rifugio   0471/794121
Langkofelhütte 0471/792323
Plattkofelhütte 0462/601721
Toni-Demetz-Hütte   0471/795050

Dolomiten – Schlern und Seiser Alm
Molignonhütte   0471/727912
Schlernbödelehütte 0471/705345
Schlernhäuser 0471/612024
Tierser Alpl Hütte 0471/727958
Tschafonhütte 0471/642058
Zallinger-Berghaus 0471/727947

Sarntaler Alpen
Alpenrosenhof   0472/647170
Flaggerscharehütte   0471/625251
Latzfonser Kreuz   0472/545017
Rittner-Horn-Haus 0471/356207
Unterhornhaus 0471/356371

Alle Angaben ohne Gewähr!